TRASFORMA IL TUO BUSINESS ED ESCI DALLA CRISI

Scopri i segreti che nessuno ti ha mai detto sulla Digital Transformation e continua a crescere anche se credi di non avere tempo e risorse necessarie per farlo

Simone Romano

Simone Romano

Ad Anna Maria – a Te che ci sei sempre e comunque

Alla mia Famiglia – per TUTTO quanto

A tutti quelli che mi CO-(stri)SPINGONO ad essere in continua
Trasformazione

Indice

Introduzione

Perché questo libro

Sei anche tu bloccato in un'azienda che ti ruba 20 ore al giorno? Alterni momenti di euforia a giorni in cui tutto sembra essere contro: clienti, fornitori, collaboratori e anche familiari e amici?

Sappi che non sei solo. Fai parte del 95% degli imprenditori italiani che gestiscono e governano la loro micro impresa[1] e che, un po' per scelta, un po' per necessità sono costretti a fare da equilibristi in tutte le funzioni aziendali dal CEO (Chief Executive Officer) al CFO (Chief Financial Officer) al CIO (Chief information officer) al Sales per citarne solo alcune.

Il libro che hai in mano non è un romanzo da leggere

---

[1] Ansa.it (Istat: in Italia 4,2 milioni di microimprese, 95% del totale) http://www.ansa.it/sito/notizie/economia/2015/05/20/istat-in-italia-42-milioni-di-microimprese-95-del-totale_3dd493d4-32fc-4205-a361-3162c3064e88.html

dall'inizio alla fine così come è riportato nell'indice, vuole rappresentare più un manuale operativo per l'imprenditore che ha capito, o che almeno inizia a sentire quel fastidio ogni mattina quando si sveglia, che è il momento di fare qualcosa e di iniziare a cambiare il proprio business e la propria azienda. L'intento che ho messo in questo libro è quello di creare una guida operativa che possa darti una direzione ogni volta che pensi che le cose stiano andando nel verso sbagliato o che pensi che la tua azienda sia prossima ad affrontare un periodo di crisi. Ed infatti sarà proprio dalla crisi che inizieremo il nostro processo e da una frase che riecheggia da sempre nella mia testa, letta in qualche manuale di project management del quale ora non ricordo il titolo... ***"In ogni opportunità si nascondono delle criticità e in ogni criticità puoi trovare delle opportunità"***.

Provo a spiegarti molto brevemente perché nasce questo libro, e perché ho sentito l'esigenza di dover dire la mia. È sicuramente vero che in letteratura sono tanti i libri che raccontano in modo più o meno efficace come trasformare il tuo business, come sfruttare la digital transformation e anche come uscire dalla crisi.

Il mio punto di vista invece è completamente diverso. **Se**

gli altri cercano di porre rimedio ad un problema più o meno pressante che sta attraversando la tua azienda somministrandoti una cura, proprio come farebbe un dottore per curare un tuo malessere, **io voglio portare la tua azienda verso la salute**.

Parlare di cura e di salute pone l'attenzione su due punti di vista completamente diversi. Per fare un paragone maggiormente comprensibile la differenza è la stessa che esiste tra curare un mal di schiena con dei massaggi o dei farmaci o andare ogni giorno in palestra a fare ginnastica posturale per rinforzare tutta la muscolatura e non avere più problemi di questo tipo. Nel caso della tua azienda, la cura è quella che ti permette di gestire le emergenze del tuo business, di uscire da un momento di difficoltà e poi continuare a lavorare come hai sempre fatto. La salute è invece quello stato in cui la tua azienda è diventata una macchina rodata in cui tutto funziona nel modo corretto (sia internamente che verso i tuoi clienti) e che riesce ad essere in continua trasformazione ed evoluzione, in cui le emergenze non esistono e i momenti di difficoltà diventano dei punti di attenzione da rafforzare per far crescere il tuo business.

Una delle obiezioni che mi aspetto è: *"perché essere in*

continua trasformazione dovrebbe far stare bene la mia azienda?". Potrebbe sembrare ai tuoi occhi che questo possa portare ad ancora più difficoltà e a dover gestire problemi e caos sempre nuovo. La verità è che non esiste business che non sia in evoluzione e per quanto tu possa essere innovativo oggi, fra non molto ci sarà qualcuno che lo sarà più di te.

Quando hai aperto la tua azienda avevi l'idea di rivoluzionare non solo la tua vita ma anche la vita dei tuoi clienti, eri pronto a sperimentare e continuare a testare, eri convinto che servisse cambiare perché quello che vendevano i tuoi competitor non fosse all'altezza e non risolvesse il problema del cliente. Però, come spesso succede, ad un certo punto hai trovato una certa stabilità. Stabilità nel giro d'affari, stabilità nell'organizzazione aziendale e, lasciamelo dire, anche stabilità nel continuare a fare da equilibrista nella tua azienda perché tutto continuasse a funzionare.

Esiste però una grande differenza tra stabilità e inerzia. La prima ha di per sé un gran vantaggio. Come enunciato anche in fisica un *"corpo si definisce in equilibrio stabile se, spostandolo di poco dalla sua posizione di equilibrio, tende naturalmente a ritornarvi"*. Questo vuol dire che la tua azienda riesce a rispondere agli stimoli del mondo esterno e agli scossoni nel modo più corretto, ovvero ristabilendo l'equilibrio e risolvendo le problematiche che si sono verificate.

Quando parliamo di inerzia invece parliamo di una forza di repulsione al cambiamento. L'inerzia è quella forza che costringe un corpo a restare nello stato in cui si trova; è la più grande forza che blocca sia le persone che le aziende dal progredire, dal provare, dal rischiare di sbagliare.

Ci vuole un grande allenamento per evitare di lasciarsi bloccare dall'inerzia. Proprio come gli sportivi che devono continuare ad allenarsi tutti i giorni per evitare di perdere la forma fisica e per continuare a vincere le gare, allo stesso modo la nostra azienda dovrebbe continuare a trasformarsi per poter essere (o diventarlo) il leader di mercato.

Come dico spesso, in qualunque situazione ci troviamo noi o la nostra azienda, dopo un po' di tempo quello stato è la normalità. Per essere ancora più espliciti, se dovessimo vivere di stenti ad un certo punto penseremmo che non vi sia altra via d'uscita e diventeremmo assuefatti a questa situazione al punto da non credere che sia possibile avere una vita migliore; allo stesso modo se fossimo milionari non riusciremmo a credere che si possa sopravvivere di stenti. Questa *"normalità"* è il nostro nemico da combattere, dobbiamo fare in modo di non sentirci mai completamente in uno stato di comfort ma di essere piuttosto alla ricerca di continua instabilità. Parlo ovviamente di una instabilità programmata e controllata, una instabilità salutare.

Come per tutti i libri anche per quello che hai in mano, i risultati dipenderanno da quanto riuscirai a fare tuoi i vari insegnamenti e soprattutto quanto ti impegnerai ad applicare quello che imparerai. Proprio per questo motivo in vari punti ti chiederò di eseguire degli esercizi perché l'applicazione è il miglior metodo per acquisire e fare propri tutti i concetti che ti permetteranno di mettere le basi per guidare te, la tua azienda e il tuo business nella strada verso il successo.

1 Sorridi sei in crisi

Si hai letto bene, il titolo del capitolo non vuole essere una provocazione, e quella che dovresti fare non è una risata sarcastica.

Riesco a leggere chiaramente nel tuo volto molto scetticismo sul fatto che dovresti essere contento nell'essere o avere un'azienda in crisi.

Proprio perché non vorrei essere frainteso e perché ritengo che l'argomento sia molto delicato e richieda di essere trattato con delle assunzioni comuni, partiamo con la definizione di crisi. Credo sia sufficiente utilizzare la definizione più generale e che, in questa fase, non sia necessario distinguere tra crisi economica, personale, finanziaria, aziendale...

"Una crisi è un cambiamento traumatico o stressante per un individuo, oppure una situazione sociale instabile e

pericolosa." [2]

Da una prima lettura, questa definizione dà ragione al tuo scetticismo, ovvio che un cambiamento traumatico o stressante non è qualcosa di positivo. Dobbiamo però capire quali siano le cause ma soprattutto le conseguenze che questo cambiamento traumatico può portare. Aggiungo inoltre un punto importante, il fatto che il cambiamento sia traumatico, ci lascia pensare a qualcosa di incontrollabile. Questo è vero nel caso in cui non siamo noi a guidarlo e se lasciamo che siano gli eventi a guidare il nostro business.

Visto che siamo in tema di premesse, credo sia importante aggiungerne una che pone le basi per poter affrontare il resto del capitolo nel modo migliore.

Avrai sentito parlare di crisi da chiunque e ripetutamente. Probabilmente in alcune fasi della vita anche tu hai pensato che: *"c'è la crisi"*, *"si stava meglio prima"*, *"se fossimo nati nel periodo dei nostri genitori"*.

Ecco, quello che deve essere chiaro è che: ***"Viviamo nel MIGLIOR momento della storia (ma non ce ne rendiamo***

---

[2] Wikipedia – definizione di crisi: https://it.wikipedia.org/wiki/Crisi

conto)"[3]. Rubo il titolo ad un articolo pubblicato da Wired nel dicembre del 2016, ma molte altre fonti affrontano l'argomento.

Noi e le nostre aziende non potevamo desiderare un momento migliore. Probabilmente lo hai pensato anche tu quando hai deciso di metterti in proprio e di creare la tua azienda. Quando hai capito che serviva qualcosa di nuovo che aiutasse i tuoi clienti nella loro crescita.

Sempre probabilmente ad un certo punto tu e la tua azienda avete trovato la "**comfort zone**" quella in cui hai una base clienti consolidata, in cui nonostante ci siano un sacco di cose che dovrebbero essere sistemate non si ha mai il tempo per farlo, in cui tutto è sempre una lotta contro il tempo e contro offerte dei competitor più aggressive delle tue, ma anche quella in cui nel bene o nel male, tutto procede senza grandi scossoni e alla fine tutto sembra essere in equilibrio (almeno apparente).

È stato a questo punto che, preso dai mille impegni, dalle 20 ore di lavoro giornaliere, dalla responsabilità verso i tuoi collaboratori, che in fin dei conti costituiscono la tua

---

[3] Viviamo nel MIGLIOR momento della storia (ma non ce ne rendiamo conto) - https://www.wired.it/attualita/tech/2016/12/17/mondo-migliore-editoriale-wired-dicembre/

famiglia allargata, hai perso il focus sull'innovazione e trasformazione del tuo business. In un attimo quella che è stata la spinta maggiore al tuo progetto iniziale è svanita e, da un certo punto di vista, sei rimasto bloccato tra i mille nuovi progetti che avresti voluto portare avanti e la carenza di risorse (il tempo primo fra tutti) che ti hanno impedito di progredire. Ti sei così trovato in affanno a dovere rincorrere i clienti e il fatturato.

Fatte le dovute premesse, veniamo al motivo per cui l'essere in crisi dovrebbe farti sorridere e, mi permetto di aggiungere, dovrebbe essere un sorriso pieno di sana competizione, lo stesso con cui dovresti svegliarti ogni mattina per affrontare la tua giornata di lavoro.

Essere in crisi è solo un segnale che ci guida verso il cambiamento. Poche righe fa ho scritto che dovremmo essere spaventati dal cambiamento repentino e traumatico. Ecco la crisi nel mondo del business non è quasi mai la conseguenza di un cambio repentino di scenario, è piuttosto la somma di piccoli cambiamenti negativi che si ripetono nel tempo e che per qualche motivo decidiamo di ignorare o riteniamo non sia ancora il momento di occuparcene.

Quello che ti propongo è un cambiamento di punto di vista: piuttosto che vedere la crisi come qualcosa che succede a nostra insaputa che ad un certo punto è inevitabile ed è gestibile solo in emergenza, pensassimo alla crisi come un processo perpetuo che si nutre della nostra inerzia?

Provo ad essere ancora più chiaro, ad oggi nella tua azienda, sia al suo interno che verso i clienti, avrai alcune cose che rappresentano il carattere distintivo ed un motivo d'orgoglio ed altre che non funzionano o che potrebbero essere migliorate. È inoltre sicuramente vero che le cose che non funzionano sono quelle che ti frustrano di più perché sai che dovresti sistemarle ma credi di non avere tempo e risorse per farlo. Non dovresti sottovalutare neppure le cose che pensi possano essere migliorate, sono quelle che ti creano quel leggero fastidio che per forza o per ragione ti sei abituato a sopportare.

Ecco, se mettiamo in linea questi punti di attenzione, abbiamo un primo elenco di cose sulle quali iniziare il nostro lavoro.

Prima di passare al paragrafo successivo ti chiedo di prenderti 10 minuti di tempo (ti prometto che non te ne serviranno di più) per fare il seguente esercizio.

Dividi il foglio in tre colonne. Nella colonna di sinistra identifica i processi interni alla tua azienda da migliorare o cambiare, nella colonna di destra quelli che impattano i tuoi clienti, e nella colonna centrale inserisci i processi da migliorare che impattano sia la tua azienda all'interno che il tuo business all'esterno.

Utilizza la tabella che trovi di seguito per eseguire il tuo esercizio:

Interno	Interno/Cliente	Cliente

1.1 <u>Trasforma il tuo business ed esci dalla crisi</u>

Abbiamo individuato fino ad ora quelli che sono i punti di miglioramento della tua azienda e quelle che sono le aree di intervento sulle quali dobbiamo porre attenzione per evitare di cadere in quella crisi che davvero ci spaventa, che è incontrollabile e che ci costringe ad operare in emergenza ed a volte con scelte dolorose.

In questo libro affronteremo la trasformazione da vari punti di vista. Di una cosa però sono sicuro, indipendentemente del tipo di trasformazione alla quale farai riferimento, l'unico modo per uscire da una situazione di crisi è passare attraverso un processo di cambiamento.

Quando penso alla trasformazione penso a quel processo perpetuo che può esser bene riassunto dalla frase *"l'acqua che scorre è sempre la più fresca"*. La tua azienda dovrebbe essere il fiume attraverso cui scorre acqua sempre nuova la quale con il suo scorrere modifica il letto e gli argini del fiume. Se pensiamo alla tua azienda come ad un fiume, possiamo vedere la crisi come le sterpaglie, sassi e/o massi, che in alcuni punti ne deviano il flusso. E proprio come per il fiume, se si tratta di sterpaglie l'acqua ha la forza di non modificare il flusso ma di spazzarle via e continuare a scorrere nella giusta direzione. I problemi si verificano solo quando a bloccare il flusso sono delle frane che di solito sono causate dall'incuranza dell'uomo. Seguimi ancora un attimo perché credo che la similitudine del fiume ci possa essere d'aiuto. Che succede al fiume della tua azienda se trova una frana? Che entra in crisi e non sa da che parte far fluire il flusso che diventa incontrollabile e ingestibile e quindi provoca dei danni. La stessa cosa vale nel caso in cui la quantità d'acqua diventa eccessiva, gli argini non reggono il flusso e il fiume straripa.

Possiamo individuare quindi 3 situazioni in cui si può trovare la tua azienda:

1. **Le fondamenta e l'organizzazione** (il letto e gli argini) **sono solide** e riescono a gestire in modo corretto il tuo business e gli eventi di crisi controllati e in alcuni casi pilotati da te stesso.

2. **Le fondamenta sono solide** (il letto del tuo fiume) **ma l'organizzazione non è completamente adeguata** (gli argini troppo piccoli). Questo può sembrarti non essere un grosso problema, in realtà può portare velocemente al fallimento della tua azienda. Ad esempio se il flusso dei tuoi clienti aumenta perché le azioni di marketing funzionano, questo può scatenare un effetto boomerang, ovvero non riesci ad offrire ai tuoi clienti il livello di servizio atteso, e ad onorare gli impegni presi. Il tuo business diventa così fuori controllo e l'effetto a catena è quello che l'opinione comune sarà che la tua azienda ha un buon prodotto e un buon potenziale ma che, una volta messa alla prova, non riesce a mantenere le promesse e crea problemi ai suoi clienti.

3. **L'organizzazione della tua azienda è bene dimensionata** o meglio riesce ad essere flessibile alle esigenze di mercato **ma le fondamenta non sono solide**. Questo succede quando sei da troppo tempo bloccato dalla quotidianità del tuo business e non riesci ad innovare. Succede che il tuo prodotto e/o servizio principale diventa obsoleto o é scalzato da un'innovazione introdotta da un tuo competitor, o quando non fai correttamente marketing e non riesci

a comunicare al mondo esterno il valore unico della tua proposizione.

Il processo attraverso il quale la tua azienda continua ad avere delle fondamenta sempre solide e un'organizzazione flessibile e malleabile è quello della continua e perpetua trasformazione. Credo che ti sia chiaro a questo punto che parlare di trasformazione in generale non dia grande valore e anche parlare solo di digital transformation non sia la giusta strada. Dovremmo piuttosto parlare di **TRASFORMAZIONE INTEGRATA**, ovvero di una trasformazione che impatta tutte le aree dell'azienda. Per dirla ancora più chiaramente ogni sera quando esci da tuo ufficio dovresti trovare un'azienda diversa da quella che hai trovato quando sei arrivato.

Considerato che all'inizio del libro di ho fatto una promessa molto forte, ovvero che quello che hai in mano è un manuale pratico per mettere il turbo alla trasformazione, non voglio andare troppo su concetti astratti ma vorrei tornare subito sul pratico. Gli ambiti sui quali dobbiamo lavorare hanno a che fare con la gestione della tua organizzazione interna e con la delega (**trasformazione organizzativa**), con la gestione degli strumenti digitali che utilizza la tua azienda al suo interno e per erogare i prodotti e servizi ai clienti (**trasformazione digitale**) e con la gestione del modo in cui presenti il tuo business al mondo esterno (**business transformation**). Tutti questi ambiti possono avere vita da soli, ma per portare valore in maniera esponenziale hanno bisogno di essere pensati come un tutt'uno. Non puoi pensare di introdurre delle innovazioni ai tuoi prodotti senza prevedere un cambio organizzativo, così come non puoi pensare di introdurre un processo di delega senza l'introduzione di strumenti digitali che ne consentano l'adozione e senza comunicare in maniera chiara ai tuoi interlocutori i vantaggi che questo porta.

Nei prossimi capitoli approfondiremo in dettaglio il processo di trasformazione complessivo, ma perché tu sia pronto ad applicare e a mettere in discussione quello che è lo stato consolidato della tua quotidianità, vediamo i motivi per cui dovresti mettere volontariamente in crisi la tua azienda.

1.2 Perché dovresti mettere in crisi la tua azienda con metodo

Se sei arrivato a questo punto del libro e hai deciso di continuare a leggere, sei già passato dalla fase dello scetticismo e avrai più volte avuto quel ghigno sul viso di chi sa cosa vuol dire lottare tutti i giorni per portare avanti un business e per far funzionare un'azienda. Ti chiedo quindi un ulteriore sforzo perché quello che cercheremo di fare in questo paragrafo è qualcosa di un po' complicato e per alcuni versi contro intuitivo. Proveremo infatti a capire perché dovresti mettere volontariamente in crisi la tua azienda e soprattutto proveremo a individuare un metodo preciso per farlo.

Rispondo subito alla tua prima domanda: *"Perché dovrei mettere in crisi la mia azienda e soprattutto come farlo senza provocare danni?"*.

Lo devi fare perché solo in questo modo potrai essere sicuro che il tuo business stia andando nella direzione giusta e perché potrai testare se la tua azienda potrà vivere e prosperare per i prossimi 5-10 anni. Quello che ti presento è l'unico modo che hai per far sì che la crisi riguardi solo i tuoi competitor perché ti permetterà di tenere sotto controllo tutti i fattori esterni che possono influire, e nel caso peggiore portare al fallimento la tua azienda, e rendere ancora più oleati e funzionanti i meccanismi interni.

La verità è che questo processo, seppur semplice, ha di per sé alcuni rischi insiti o meglio delle controindicazioni che nel caso in cui si presentino devono portarti a sospendere l'applicazione per ripristinare il giusto equilibrio prima di iniziare nuovamente. Considera le controindicazioni come un effetto collaterale di chi sta imparando. Allo stesso modo dei foglietti illustrativi per i farmaci, di seguito ti riporto gli effetti collaterali più frequenti ordinati per probabilità che si verifichino:

- **Momentaneo smarrimento** – Come vedremo tra un attimo, il processo richiederà di bloccare per un istante la focalizzazione sul presente, ma di partire da essa per capire come può muoversi il mercato. Può succedere in questa processo che la visione verso il futuro possa portarti a concentrarti troppo sulle evoluzioni e ti faccia perdere il focus su quello che sta funzionando ora. I sintomi che questo sta per accadere sono legati principalmente al fatto che puoi sentire la necessità di imprimere un'accelerazione al cambiamento senza accorgerti che stai sottraendo troppe risorse al business attuale.

- **Perdita di focus** – Nel cercare di capire dove dovrà andare il tuo business e come deve essere trasformato per poter continuare a proliferare devi stare attento a non perdere di vista il focus. Focus non vuol dire che non devi fare nulla di diverso, vuol dire che non devi perdere di vista la tua specializzazione, i motivi per cui i clienti comprano da te e ricordarti sempre che quello che fa la tua azienda deve risolvere un problema specifico dei tuoi clienti.

- **Perdita di tempo e risorse economiche** – Per portare risultati il processo richiede di coinvolgere più focal point dell'azienda, e richiede inoltre, in stile metodologia Agile[4], di mettersi subito al lavoro per creare un primo prototipo funzionante da raffinare in step successivi. È quindi necessaria una

---

[4] Metodologia Agile - https://it.wikipedia.org/wiki/Metodologia_agile

forte volontà aziendale nel seguire il processo ed è importante che chi guida le riunioni di brain storming e il processo di progettazione riesca a calibrare il tiro e a guidare correttamente il team. Proprio per evitare perdita di tempo e risorse il processo prevede di vedersi ad intervalli programmati e con una frequenza ben definita. Deve esserti chiaro che questo effetto indesiderato non si verifica se i test di cambiamento suggeriscono che la strada intrapresa non è quella giusta, ma se non si imprime il giusto ritmo al cambiamento e si lascia a metà l'opera o si cambia continuamente il tiro.

- **Errata gestione delle priorità** – Ricorda che il processo di messa in crisi della tua azienda, serve a permetterti di continuare ad essere in salute o ad aiutarti ad uscire da una momentanea crisi. È pero importante che tu riesca a dare le priorità alle azioni da compiere e anche che tu riesca ad incastrarle in quelle che sono le priorità del tuo business attuale.

Fatta questa dovuta premessa vediamo step by step il

metodo che ti permetterà di dare slancio e nuova ninfa non solo al tuo business ma anche alla tua azienda e ai tuoi collaboratori.

1. Con cadenza trimestrale indici una riunione di mezza giornata nella quale coinvolgerai:
   o Il tuo responsabile commerciale;
   o Il tuo responsabile tecnico;
   o il tuo responsabile finanziario.

   Ognuno dei tuoi responsabili coinvolgerà a sua volta 2/3 persone del suo team.

   Nel caso in cui la tua azienda non abbia una struttura tale da avere al suo interno tutte le persone indicate, coinvolgi il tuo socio in affari e seleziona dal team interno e/o dei tuoi partner esterni le persone da coinvolgere in questo "esperimento".

2. Lo scopo della riunione e il tema sul quale dovrete lavorare è il seguente:

   "I nostri 3 piú grandi clienti hanno deciso di cambiare fornitore e al momento non sappiamo ancora bene a chi si rivolgeranno. Quello che è sicuro, è che hanno lamentato una carenza nel servizio fornito (non

abbiamo al momento altri dettagli) e un rapporto prezzo servizio non adeguato."

L'obiettivo del gruppo è capire cosa non funziona nelle varie aree aziendali e in che modo portare dei cambiamenti funzionali a rendere più appealing la nostra offerta (esistono sempre dei punti di miglioramento).

L'analisi coinvolgerà:

a. Funzionalità del prodotto e problemi che risolve

Il prodotto è ancora attuale? quali sono le funzionalità che sono maggiormente utilizzate e apprezzate dai già clienti? Esistono delle funzionalità che i clienti ci richiedono insistentemente e che non abbiamo ancora implementato?

b. Analisi della concorrenza

Che posizione abbiamo nella mente dei nostri clienti? Che evoluzioni stanno facendo i nostri competitor? Quali sono gli elementi che ci differenziano e quali quelli che rendono più forti i nostri competitor?

c. Analisi del prezzo

Esiste un modo per farci pagare di più? O esiste il modo per ridurre considerevolmente i costi per la fornitura del nostro prodotto/servizio?

Per fare un'analisi del prezzo ragioniamo in un modo diverso dalla semplice idea: COSTO = X → PREZZO = X+Y ma ragioniamo sull'idea di valore e valutiamo anche i vincoli legati al nostro mercato.

Per cercare di essere più chiaro, prendo spunto dal libro **"Strategia Oceano Blu"** (W. Chan Kim e Renée Mauborgne) che ti invito a leggere. Se il prezzo del tuo prodotto o servizio è influenzato da vincoli forti nella produzione devi puntare a rivoluzionare il processo per essere più efficace e poter abbattere i costi e anche i prezzi al cliente finale. Questa è la strategia utilizzata da Ford nell'introduzione della produzione in serie per le auto. Con l'adozione della catena di montaggio, Ford è riuscito a ridurre drasticamente i costi di produzione della singola vettura e di rendere accessibile il prezzo di acquisto alle masse.

Se invece ti trovi a lottare in un mercato saturo, devi fare in modo di attaccare il mercato da un altro angolo per creare quello che gli autori del libro definiscono un Oceano Blu pieno di pesci nel quale pescare i tuoi clienti. **La differenziazione è nella quasi totalità dei casi la strada per il successo.**

3. In una sorta di brain storming mettete per iscritto plus e minus:
   o del vostro prodotto di punta;
   o del vostro modello di business;
   o del processo di vendita;
   o del processo di delivery.

4. A questo punto vi dividerete in 3 squadre e proverete a disegnare un nuovo modello di business che tenga presente dei vincoli legati ai costi e ai servizi offerti.

5. Per ogni modello create una o più matrici di differenziazione. La creazione di ogni matrice deve esser fatta come segue:
   - disegnate degli assi cartesiani e scegliete due punti di analisi tra voi e i competitor (ad esempio il prezzo e il livello di assistenza fornito);
   - a seconda delle varie analisi mettete in paragone il vostro servizio con quello dei vostri competitor. Otterrete cosi una matrice di differenziazione su vari ambiti di analisi che vi permetterà di capire meglio come siete posizionati rispetto alla concorrenza e vi darà un grande supporto per

scegliere, lato marketing, la strategia migliore per ogni prodotto.

6. Dall'analisi fatta emergeranno sicuramente delle modifiche da apportare ai processi e ai prodotti. Mettete subito in pratica su piccola scala queste modifiche. Utilizzate per il test dei nuovi modelli i clienti più fedeli, facendogli capire l'importanza che

date al loro parere e l'impegno che state mettendo per crescere insieme a loro.

Se seguirete questo modello, e continuerete a farlo con metodo e ricorsivamente, potrete verificare se il vostro business sta andando nella direzione giusta e potrete decidere in anticipo le azioni da intraprendere per essere competitivi sul mercato e conquistare la leadership nel vostro settore.

Se lo vorrai, mi piacerebbe che condividessi con me il risultato che otterrete raccontandomi brevemente i punti di cambiamento individuati, i pro e i contro del metodo esposto. **Entra in contatto con me sul mio blog www.sromano.it e www.trasformazioneintegrata.it**

2 Libera spazio per la tua trasformazione

Sono molti i blocchi che ostacolano il processo di trasformazione della tua azienda, in questo capitolo voglio affrontare i due che maggiormente limitano la crescita del tuo business.

Che il tuo lavoro sia quello dell'imprenditore o che tu sia un C-level dell'azienda, sarai impegnato in mille incombenze, alcune delle quali rubano tempo e produttività alle tue giornate.

Uno dei problemi principali che ti trovi ad affrontare è legato alla consuetudine con la quale affronti "le noie" legate al tuo lavoro. D'altra parte se l'azienda è arrivata a crescere e ad avere clienti soddisfatti, sicuramente è anche merito di tutte le "rotture di scatole" che fanno parte del tuo lavoro e delle quali è impossibile fare a meno. È inoltre vero che sei anche arrivato a consolidare una routine che ti permette di arrabattarti tra tutte le scocciature e unirle ai momenti belli della tua giornata.

Diciamo che fatto 100% il tempo che dedichi al tuo lavoro (questo 100% se sei un imprenditore varia tra le 12 e le 18 ore al giorno) la tua giornata può essere suddivisa in:

- 20 % tempo dedicato ad attività produttive, quelle che portano valore. Ad esempio:
  - o Parlare con un cliente per chiudere una trattativa;
  - o Lavorare sulla gestione dei nuovi progetti che facciano crescere l'azienda;
  - o Creare partnership;
  - o Lavorare sul marketing e le Pubbliche relazioni.
- 80% tempo dedicato ad attività necessarie al funzionamento dell'azienda ma per le quali il tuo valore aggiunto non fa la differenza e che potresti delegare senza problemi.
  Esempi di queste attività sono:
  - o Gestione ordinaria dei progetti venduti;
  - o Gestire il servizio di assistenza clienti;
  - o Controllare i pagamenti;
  - o Emettere le fatture;
  - o Partecipare a riunioni improduttive;
  - o ...

Vedremo tra poco come la delega e l'utilizzo della legge di Pareto applicati alla tua azienda possano dare slancio immediato alla tua produttività e a quella dei tuoi collaboratori.

Quelle che iniziamo a vedere in dettaglio da questo momento sono tutte metodologie che richiedono innanzi tutto un tuo cambiamento. È necessario che tu abbia ben chiaro quali sono le difficoltà e gli ostacoli nascosti che dovrai affrontare per poter portare a casa risultati tangibili. Per farti capire meglio a cosa mi riferisco provo a farmi aiutare da un esempio sportivo che mi riguarda personalmente.

Ti sei mai allenato per correre 10km? per la mezza maratona? per correre la maratona?

Da qualche mese, un po' per rimettermi in forma e un po' perché è uno sport che mi è sempre piaciuto, ho ripreso a correre. Ogni mattina all'alba ho cercato di abituare nuovamente il mio corpo a movimenti che ormai non gli appartenevano e a prendere un passo che fosse almeno accettabile.

Se hai mai fatto jogging riesci a capire quello che intendo e probabilmente riesci a trovare molte analogie tra il mondo del business e questo sport.

Vediamo insieme come far avanzare il business sia un gioco molto simile ad allenarti per affrontare la maratona. La premessa è… **non sarà facile, servirà il giusto tempo per essere pronti e non tutti riusciranno a finirla.**

Probabilmente non penseresti di prepararti alla maratona se non stessi bene fisicamente. Allo stesso modo il prerequisito per preparare la tua azienda ad una competizione importante è che sia in buono stato di salute. L'obiettivo di questo libro è anche quello di darti degli spunti sui quali lavorare per rimettere in forma la tua azienda ed essere pronto a competere vincendo le gare contro i tuoi competitor.

Vediamo insieme quali sono le fasi che affronteremo nel corso dell'allenamento verso il processo di trasformazione:

1. **Vincere la forza di inerzia che ti spinge a ritornare al punto di partenza**

Come per la corsa non è sufficiente andare a correre un giorno per farla diventare un'abitudine e per sentire meno forte la fatica, allo stesso modo per continuare a far crescere e migliorare la tua azienda dovrai vincere la forza che ti spinge a continuare a lottare contro i "soliti" problemi quotidiani e iniziare ad apportare dei cambiamenti.

Non sarà quindi sufficiente leggere questo libro e pensare di poter agire a portare risultati. Il motivo per cui trovi degli esercizi in alcuni capitoli del libro è proprio legato al fatto che voglio che tu abbia già iniziato a fare qualche piccolo passo verso il cambiamento prima di terminare la lettura. Sarà però indispensabile continuare a lavorare per trovare la giusta strada ma soprattutto per fare in modo di stabilire una "nuova abitudine" che ti permetterà a quel punto di usare la forza di inerzia a tuo favore. Ti verrà ad un certo punto naturale trovare tempo e spazio mentale da dedicare al processo di cambiamento, proprio come è diventato naturale per me alzarmi all'alba per andare a correre.

2. Cerca di avanzare a piccoli passi

Proprio come avviene per una maratona, dove il processo di preparazione è lungo e con obiettivi ben definiti, lo stesso vale per la trasformazione della tua azienda.

Non puoi pensare di stravolgere il tuo business da un giorno all'altro. La trasformazione è un processo strutturato e prolungato nel tempo. Devi darti degli obiettivi raggiungibili e che aumentino la fiducia nel potenziale della tua azienda e del processo intrapreso.

L'errore che facciamo tutti quando pensiamo ad un cambiamento è quello di voler visualizzare e raggiungere direttamente il risultato finale. Ovvio che se il cambiamento è importante il traguardo non sarà immediato e non sarà facile da raggiungere. Per evitare quindi la frustrazione di chi vede un traguardo irraggiungibile è necessario lavorare per piccoli passi e per piccoli traguardi intermedi. È per questo che dovrai progettare il tuo processo nel modo corretto proprio come un maratoneta progetta la sua corsa, ogni step è realizzato per arrivare pronto al giorno della gara e poterla finire (se sei un fuoriclasse vincerla).

Per essere efficace un obiettivo deve rispettare la regola **SMART**, ovvero deve essere:

- **S**pecific – specifico – deve fare cioè riferimento ad un'area di miglioramento ben definita;
- **M**easurable – misurabile – quantificabile o almeno riferito a un indicatore di avanzamento;
- **A**chievable – Raggiungibile;
- **R**ealistic – Realistico – l'obiettivo deve poter essere raggiunto con le risorse a disposizione;
- **T**ime-constrained – con una data limite – per essere tale, un obiettivo, deve essere raggiunto in un tempo stabilito.

3. **Goditi i risultati tangibili**

Se l'inerzia blocca e rallenta il processo in fase di avvio, allo stesso modo quando sarai riuscito a mettere in moto il cambiamento, otterrai risultati in maniera molto evidente. Goditi questo momento e preparati perché non sarà così per molto; scoprirai che i cambiamenti introdotti porteranno risultati tangibili ma ad un certo punto ti sembrerà di notare un rallentamento nell'evoluzione.

Come per ogni ambito, il passo più difficile è la partenza. Mi piace dire che in media già il fatto di fare qualcosa nella direzione del cambiamento, ti porta ad ottenere grandi risultati. Chiariamo che dal mio punto di vista anche un risultato "negativo" è un grande risultato perché ti indica con certezza quale è la direzione in cui non andare. È anche vero che, come succede per uno sportivo, ci sarà la fase in cui i risultati arriveranno senza troppo sforzo (i tempi del corridore) per poi bloccarsi o addirittura retrocedere d'un tratto. Questo perché nelle varie fasi di trasformazione ci sono momenti in cui questa ha preso piede e sta per diventare "routine" (ecco spiegato perché la maggior parte degli esercizi che ti propongo devono essere fatti in maniera ricorsiva).

4. Mixa bene la tua strategia

I primi risultati che otterrai, sono quelli "facili da raggiungere". Proprio come nella corsa, dovrai variare il tuo allenamento per migliorare i tempi, aggiungere esercizi che ti consentano di aumentare lo scatto e la velocità, allo stesso modo per la tua azienda, dovrai tarare bene i risultati e variare le strategie per trovare il mix che ti permetta di continuare a migliorare i tuoi risultati.

A differenza della corsa, nel tuo caso non esiste la strategia già pronta e sicura per la strada verso il successo. Ogni settore e ogni azienda hanno delle peculiarità che ti costringeranno a tarare e rivedere il metodo. Questo vuol dire che in determinati momenti ci accorgeremo che la strada che stiamo percorrendo non è la migliore in termini di produttività e performance e quindi saremo costretti a ritarare il metodo. Non dobbiamo aver paura di sbagliare, fa tutto parte del processo di apprendimento e di allenamento.

5. **Non smettere di allenarti**

La maratona, così come la trasformazione della tua azienda, è una "*corsa*" lunga e anche se credi di essere stato veloce a raggiungere i primi traguardi (i 10km) considera che per arrivare a terminarla (sono oltre 42km) devi continuare ad allenarti tutti i giorni.

Non iniziare questo allenamento pensando che raggiunto un obiettivo e un determinato cambiamento potrai ritornare nella tua zona di comfort. Quello che **dobbiamo trovare è un metodo che ci consentirà di sentirci maggiormente a nostro agio in zona di NON comfort.**

6. Raffina la tecnica

Quando avrai raggiunto una buona performance, lavora per affinare i risultati. Come tutti gli sportivi, finita una gara inizia a prepararti per la successiva. I risultati saranno evidenti, ma il piano di crescita ed il miglioramento continuo dovrà essere rivisto per fare in modo che la tua azienda diventi sempre migliore.

Ci saranno dei momenti di rallentamento e delle accelerazioni improvvise, fa tutto parte del processo. Non lasciarti prendere dall'euforia ai primi risultati ma soprattutto non farti prendere dallo sconforto nei momenti in cui sembra che nulla migliori. **Se lavori con costanza e metodo, nulla potrà fermare la trasformazione e la crescita del tuo business.**

L'ultimo consiglio che sento di darti è che nel business come nella vita privata, ci troviamo tutti a correre una maratona verso i nostri risultati. Fai questo godendoti i traguardi intermedi e senza perdere mai il focus che ti spinge a fare meglio.

2.1 <u>La Delega</u>

Iniziamo ad affrontare un tema spinoso per molti imprenditori italiani. L'argomento delega, per quella che è la mia esperienza, è quasi diventato un argomento tabù. La parte difficile non è far capire quanto sia importante riuscire a delegare per liberare il proprio tempo in attività maggiormente produttive, lo è invece vincere il pregiudizio legato al fatto che i propri collaboratori non siano in grado di fare le "cose" con la stessa qualità con la quale le faremmo noi.

Anche in questo caso partiamo da un presupposto, il lavoro dell'imprenditore e del manager più in generale è quello di terminare attività ad alto valore aggiunto e di riuscire ad aver tempo per far crescere l'azienda.

Mi rendo conto che la delega ti può sembrare un tema collaterale alla tua crescita. Nella tua testa hai già tanti problemi da gestire e pensare di dover perdere tempo a controllare il lavoro fatto dagli altri e poi eventualmente rifarlo nel modo corretto (quello in cui lo faresti tu) ti sembra solo un'aggiunta di lavoro alle tue già ultra affollate giornate.

Rispondi però sinceramente alle seguenti domande:

1. Riesci a terminare la tua to-do list giornaliera?
2. Quante sono le distrazioni che interrompono la tua giornata lavorativa?
3. Hai dei progetti che ti riprometti da diverso tempo di portare avanti?

Se le tue risposte sono state nell'ordine: SI, NESSUNA, NO allora non è necessario che continui a leggere questo capitolo e onestamente ti chiedo di contattarmi per capire come sei riuscito a fare tutto questo e per imparare da te.

Se invece hai risposto diversamente ad almeno una domanda allora seguimi ancora per un attimo.

Che tua sia un imprenditore, l'AD, il CIO/CTO o peggio che tu sia tutte e tre le figure in una sola, uno dei problemi che bloccano la crescita e la trasformazione della tua azienda è che hai letteralmente troppe "cose" da fare e che non riesci a dedicarti ai progetti veramente importanti per la crescita.

Il passo zero per aprire la strada a progetti di trasformazione e per liberare tempo da dedicare alla crescita della tua azienda passa dalla DELEGA.

Quello che voglio provare a darti è un metodo che ti permetta di capire quali sono le attività che possono essere delegate e quali no e come farlo nel modo giusto. Prenditi 10/15 minuti di tempo per rispondere con serietà ai seguenti punti:

1. Fai un elenco quanto più esaustivo possibile di tutte le attività che svolgi;

2. Per ogni attività indica:

   - Tempo medio impiegato su base mese (puoi utilizzare valori percentuali – in questo modo riuscirai a controllare che la somma non superi il 100%);

   - Quanto pensi che il tuo contributo sia unico (Alto, Medio, Basso);

   - Quanto ti piace (Mi piace, Normale, Odio);

   - Valore dell'attività: quanto vale in termini economici? (Alto, Medio, Basso);

   - Difficoltà: la puoi fare solo tu? con della formazione può farla un tuo collaboratore? o la può fare chiunque? (Difficile, Media, Facile);

- Strategicità: quanto la ritieni strategica per il tuo business (Alta, Media, Bassa);
- Frequenza: ogni quanto ti occupi di questa attività (Giornaliera, Settimanale, Mensile).

3. Sulla base delle risposte date ai punti precedenti creiamo una matrice di scoring assegnando un punteggio ad ogni singola voce di analisi come segue:
   a. Valore percentuale impiegato;
   b. Alto = 5, Medio = 3, Basso = 1;
   c. Odio = 0, Normale = 5, Mi piace = 15;
   d. Alto = 5, Medio = 3, Basso = 1;
   e. Difficile = 5, Medio = 3, Facile = 1;
   f. Alto = 5, Medio = 3, Basso = 1;
   g. Giornaliera = 1, Settimanale = 3, Mensile = 5.

4. Nella tabella di scoring appena creata:
   - Marchiamo in verde le attività per le quali al punto c. hai assegnato 15 punti;
   - Marchiamo in rosso le attività per le quali a punto c. hai assegnato 0 punti.

5. Ordiniamo le attività per Score e dividiamole in 3 aree di punteggio:
   - Da 5 a 20 Rosso;
   - Da 21 a 30 Arancione;
   - Da 31 a 40 Verde.

La divisione in colori serve a farti individuare immediatamente quelle attività che non sono strategiche per l'azienda né da un punto di vista economico né da un punto di vista del contributo che riesci a dare; devono quindi essere obbligatoriamente delegate. Sarà proprio dalle attività evidenziate in rosso che inizieremo a lavorare.

Facciamo una piccola eccezione al raggruppamento precedente. Se tra le attività con score Rosso ne esistono alcune che "Ti piace fare" allora non le considereremo, almeno in questa prima fase per la delega immediata. Allo stesso modo se tra le attività ad alto valore ne esistono alcune che "Odi fare" allora dovremo lavorare per capire come possano essere delegate almeno in parte. Questa scelta serve perché le attività che hai piacere a fare in qualche modo ti ricaricano, così come quelle che odi fare tendono a levarti molte energie anche per il resto e ti portano a procrastinare.

Ti riporto di seguito un esempio di tabella di scoring compilata e te ne lascio una vuota per poter fare il tuo esercizio.

Attività	Tempo %	Contributo Unico	Mi Piace	Valore	Difficoltà	Strategicità	Frequenza	Score Tot
Gestione Clienti (farming)	20%	5	15	5	5	5	5	40
Acquisizione clienti (Hunting)	10%	5	15	5	5	5	5	40
Lavorare su nuovi progetti	10%	5	15	5	5	5	3	38
Lavorare sulle partnership	5%	5	5	5	5	5	1	26
Preparazione materiali di marketing	15%	5	5	5	3	5	3	26
Preparazione offerte	15%	3	5	3	3	3	3	20
Recruiting	5%	3	3	3	3	3	5	20
Gestione Problematiche assistenza	10%	1	0	3	3	5	3	15
Gestire i fornitori	5%	3	0	1	3	3	3	13
Pagare Stipendi	5%	1	0	1	1	1	5	9
Fatturare	5%	1	0	1	1	1	3	7

Attività	Tempo %	Contributo Unico	Mi Piace	Valore	Difficoltà	Strategicità	Frequenza	Score Tot

Probabilmente avrai avuto difficoltà a mettere in fila tutte le attività delle quali ti occupi. Questo è normale, per questo motivo puoi consolidare la lista anche nei prossimi giorni per estenderla. Cosi come la tua azienda e i tuoi impegni giornalieri anche questa lista subirà delle modifiche nel tempo. L'obiettivo è di farla diventare una matrice che hai attaccata di fronte alla tua scrivania e che sarà in continuo aggiornamento.

Abbiamo ora un metodo scientifico che ci può aiutare a capire quali attività delegare per liberare tempo da dedicare alla crescita del nostro business, e perché no anche da dedicare in parte alla vita privata.

Prima di passare ad approfondire come applicare la delega vorrei rispondere ad alcune obiezioni che di sicuro affollano la tua mente e che potrebbero impedirci di andare avanti:

- fosse facile da delegare lo avrei già fatto;
-come lo faccio io gli altri non riescono a farlo;
-perderei troppo tempo ad insegnare e successivamente a verificare che tutto sia fatto correttamente.

Per rispondere a queste obiezioni ti dico subito che la

delega non è una pozione magica e che come per tutti gli altri argomenti che stiamo affrontando ci vuole tempo e fatica per far arrivare i risultati. Ti dico inoltre che probabilmente la tua ultima obiezione è quella che nasconde qualcosa di corretto, introdurre un processo di delega richiede, almeno nella fase inziale, un aggravio di tempo impiegato da te nello standardizzare l'operazione e nel training dei tuoi collaboratori.

Possiamo individuare **due metodi di delega:**

1. **Esternalizzazione**
2. **Proceduralizzazione**

Per le attività più semplici e non core per l'azienda il processo di esternalizzazione può essere il più efficace e il più economico, almeno fino a che non diventi più redditizio assumere una persona che si occupi a tempo pieno di tale attività.

Esternalizzare significa affidarsi ad un professionista per delegare quelle che sono attività ricorrenti ma non giornaliere. Nella mia lista precedente ad esempio potremmo pensare di esternalizzare il processo di creazione delle buste paga per i collaboratori o per esempio la fase di selezione e screening delle nuove risorse da assumere mediante un'agenzia di selezione del personale

La delega vera però, è quella interna all'azienda. Per poter delegare un processo è necessario che sia molto chiaro nella nostra testa. Dobbiamo provare quindi a creare delle "procedure" che insegnino ai nostri collaboratori in maniera chiara come eseguire uno specifico compito. I passi da seguire sono i seguenti:

a. Scegli una delle attività da delegare;
b. Metti per iscritto passo per passo quelle che sono le azioni da compiere per eseguire l'attività;
c. Fai leggere le istruzioni ad una persona che non ha idea del processo e chiedile un feedback sulla chiarezza;
d. Forma i tuoi collaboratori utilizzando le linee guida riportate nella procedura;
e. Tieni aggiornata la procedura.

Proviamo per esempio ad ipotizzare come scrivere la procedura per la gestione delle problematiche di assistenza:

1. Rispondere con cortesia al cliente che chiama per un problema (*"Buongiorno sig. xxx, sono rammaricato*

che ci siano stati dei problemi, vediamo insieme come fare a risolverli al meglio");

2. Farsi raccontare il problema e per essere sicuri di averlo capito ripeterlo al cliente (*"Quindi mi sta dicendo che ha delle difficoltà nell'utilizzo della funzione di ..... ? Ho capito bene?"*);

3. Se la problematica non è gestibile immediatamente farsi lasciare un numero di telefono e un indirizzo email al quale dare un riscontro entro X ore;

4. Ringraziare il cliente (*"La ringrazio ancora per la chiamata, ho già inviato tutte le informazioni al reparto tecnico e torniamo da lei in X ore. Ci spiace che abbia avuto questo problema e lavoreremo al meglio per risolverlo e per tenerla aggiornata"*).

Ora ho semplificato di molto il processo, ma il messaggio importante è che nella fase di creazione delle procedure non devi lasciare nulla al caso. Per fare in modo che le persone eseguano l'attività con lo stesso standard qualitativo con il quale faresti tu devi guidarli passo dopo passo fino al punto di dirgli che parole usare con il tuo cliente. La precisione è necessaria sia per mantenere alto lo standard di qualità ma anche perché tutto quello che non sarà fatto verrà inevitabilmente riscalato a te.

Non puoi pretendere che già dal primo rilascio la procedura sia perfetta e non richieda di essere rivista, ma come per tutte le cose il passo zero è sempre quello più difficile. Rivedere la procedura per aggiungere e affinare il processo diventerà poi un'attività quasi divertente e che eventualmente potremo delegare a sua volta.

Sarebbe necessario scrivere un libro sulla delega, ma credo che solo applicando quello che hai appena imparato potrai ottenere grandi risultati.

Sono sicuro, e l'esperienza me lo ha dimostrato, che nel momento in cui riuscirai a liberare del tempo, sarai in grado di dare un'accelerazione ai tuoi progetti e alla crescita della tua azienda.

2.2 La legge di Pareto per il tuo business

Hai mai sentito parlare del Principio di Pareto?

Una formulazione intuitiva di tale principio afferma che circa **il 20% delle cause provoca l'80% degli effetti.**

Ti stai chiedendo cosa lega Pareto alla tua azienda? Devi sapere che il Principio di Pareto trova applicazione in una moltitudine di ambiti, dall'economia all'informatica, dal controllo di gestione alla gestione del tempo personale.

Seguendo questo principio quindi:

a. l'80% del fatturato della tua azienda è realizzato con il 20% dei tuoi clienti;

b. l'80% del tempo di gestione dei clienti è speso per gestire il 20% dei clienti;

c. l'80% del lavoro è portato a termine dal 20% dei tuoi collaboratori;

d. l'80% dei risultati che ottieni è frutto del 20% dei tuoi sforzi;

e. ...

Proviamo a capire come sia possibile utilizzare questa informazione per accelerare il processo di cambiamento e liberare risorse (tempo e denaro) per far crescere il tuo business e trasformare la tua azienda.

Quello che cerchiamo di fare è di lavorare sulle aree che maggiormente impattano il tuo business e che se gestite male possono mettere in crisi la tua azienda.

2.2.1 Riduci il numero di clienti ed elimina quelli non profittevoli

Nonostante nel 99% dei casi la tua azienda non sia una big corporation quotata in borsa, è molto probabile che nel tuo essere ambizioso e nel voler fare sempre meglio cerchi di seguire l'esempio di chi è più grande di te. Se questa pratica è di per sé corretta, e credo che sia una buona strategia quella di cercare di imparare da chi ha ottenuto risultati migliori dei nostri, non vale completamente nel momento in cui andiamo ad analizzare la voce acquisizione e retention dei clienti.

Se per gli azionisti è necessario sapere che non solo i ricavi e i margini crescono, ma che anche il numero di clienti è in crescita, questo non vale per la tua impresa e quindi, l'idea che tutti i clienti siano ugualmente importanti é fondamentalmente sbagliata. Anche in questo caso non credo che questa mia affermazione ti lasci interdetto, ma, se di solito è molto difficile sentirsi a proprio agio nel lasciar andar via un cliente che non è più soddisfatto dei nostri servizi, pensa quanto possa essere più complicato essere noi stessi ad invitarlo a trovare un altro fornitore o addirittura a consigliarli il concorrente al quale rivolgersi.

Ora mi rendo conto di aver esagerato!!! Pensare addirittura di consigliare ad un tuo cliente di andare alla concorrenza la vedi come una cosa completamente assurda. Invece non è così e come ho fatto già altre volte fino a questo punto ti chiedo di fare un ulteriore atto di fede e di continuare a leggere; solo dopo sarò contento di ricevere tutti gli insulti che stai conservando.

Quello che devi capire è che in alcuni casi è più produttivo in termini di costi, tempo e reputazione dell'azienda lasciare andare alcuni "clienti" e focalizzarsi sulla parte salutare del nostro business.

Se estrai la lista dei tuoi **clienti** puoi sicuramente

raggrupparli in **4 tipologie**:

a. Quelli che portano un grande fatturato di qualità alla tua azienda. Questi clienti sono in quel **20% che porta l'80% del fatturato**;

b. Quelli che portano un grande fatturato ma non di qualità con la mission aziendale. Questi clienti rientrano nella categoria precedente per la parte fatturato ma anche **nel 20% dei clienti che rubano l'80% del tempo di gestione**;

c. Quelli che portano **poco fatturato ma di qualità** che ruba poco tempo di gestione;

d. Quelli che portano **poco fatturato e che rubano molto tempo di gestione**. Questi clienti sono in genere quelli che accumulano ritardi nei pagamenti e che difficilmente spenderanno una buona parola per la nostra azienda indipendentemente dall'impegno che mettiamo nel fornire il nostro servizio.

Se fino ad ora non hai mai fatto questa considerazione, dopo un'analisi attenta noterai che i clienti al punto d. sono più di quelli che immagini.

Il problema di avere clienti di questo tipo è legato principalmente a 7 fattori:

1. Ti fanno perdere tempo;
2. Non sono mai contenti;
3. Parlano male del tuo prodotto o servizio;
4. Parlano male della tua azienda;
5. Non sono fedeli;
6. Non sono profittevoli, perché il costo di gestione erode tutti i tuoi margini;
7. Molto spesso sono dei cattivi pagatori.

Ringraziare questi clienti e informarli che non potremo più essere loro fornitori può portare grande giovamento al tuo business.

La regola che *"è il cliente che sceglie da chi comprare"* è una leggenda che oggi più che mai non è vera. Dobbiamo essere noi che con i nostri materiali di marketing educativo attireremo solo i clienti in target con quello che è il nostro focus e il nostro modello di business. Oggi i nostri clienti ci conoscono e ci confrontano con la concorrenza direttamente su internet e più della metà del processo di vendita è già finito quando iniziano a comunicare direttamente con noi. È quindi compito del nostro marketing comunicare nel modo corretto il nostro posizionamento e la nostra unicità per fare in modo di acquisire solo quei clienti appartenenti al gruppo A e C.

A tendere quello che dovrà essere il nostro obiettivo sarà di eliminare i clienti al punto D e spostare i clienti della tipologia B in A.

2.2.2 Lavora sulla gestione del personale

La gestione del personale è una grossa sfida per ogni azienda. Seguendo la legge di Pareto **l'80% del lavoro è portato a termine dal 20% dei tuoi collaboratori** e, per dirla in parole diverse, puoi raggruppare i tuoi collaboratori in due categorie:

- ✓ **I più produttivi**, che sono completamente allineati con la strategia aziendale, che si sentono coinvolti in prima persona nella crescita dell'azienda e che sono un elemento trainante verso il successo di tutta la squadra:
- ✓ **I meno performanti**, anche detti "quelli del cartellino", che eseguono esclusivamente quello che gli viene detto senza dare un vero valore aggiunto e senza dare un contributo realmente unico, e in alcuni casi lamentandosi della realtà per la quale lavorano e facendolo trasparire direttamente ai tuoi clienti.

Nonostante si parli tanto di disoccupazione è d'altra parte vero che la ricerca di personale valido è una grande sfida per tutte le aziende. Se è però vero che non tutti sono naturalmente portati ad essere nel gruppo dei più produttivi, dobbiamo porci come obiettivo che tutti si sentano coinvolti in prima persona nella crescita e produttività dell'azienda.

Le azioni che puoi compiere per attirare e far restare con te i talenti sono le seguenti:

1. **Lavora sul brand dell'azienda**. Otterrai cosi il duplice vantaggio di essere un'azienda ammirata e desiderata sia dai tuoi clienti che dai professionisti che vorranno essere coinvolti nel progetto che stai realizzando:

2. **Elogia il merito.** Non fare l'errore di dare per scontato il lavoro dei tuoi collaboratori. Elogia i risultati e premia il merito. Non deve essere per forza un premio in denaro, sentirsi apprezzati ed essere tenuti in considerazione è una delle ragioni più forti che creano legami duraturi:

3. **Crea un ambiente di lavoro collaborativo**. Rendi partecipe il tuo team dei piani della tua azienda ed

evita che le decisioni di business vengano calate dall'alto. Coinvolgi i tuoi collaboratori nelle scelte direzionali e utilizza un approccio collaborativo e di brain storming per ampliare il tuo punto di vista; alla fine il tuo team è sul campo di battaglia tutti i giorni insieme a te e quindi può darti dei grandi suggerimenti.

Il circolo virtuoso generato da un ambiente di lavoro salutare ti aiuterà considerevolmente a ridurre la percentuale di risorse inefficaci e a creare l'azienda in cui le persone ambiscono a lavorare.

2.2.3 Gestisci meglio il tempo

Abbiamo già visto nel paragrafo precedente quanto la delega sia uno degli strumenti più importanti per liberare tempo da dedicare ad attività ad alto valore.

Pareto ci insegna che **l'80 del lavoro svolto dai nostri collaboratori è eseguito nel 20% del tempo**.

È sicuramente vero che non possiamo applicare la delega nella gestione del tempo dei nostri collaboratori, ma un'analisi del tempo meno produttivo potrebbe aiutarci a trovare delle ottimizzazioni.

La gestione del tempo per te e per i tuoi collaboratori è un argomento complesso che coinvolge aree che non sono trattate in questo libro, quali la leadership e la responsabilizzazione delle risorse. Mi sento però di darti alcuni consigli che puoi applicare sia alla tua attività che a quella dei tuoi collaboratori:

a. **Lavora per obiettivi atomici**

Cerca di scomporre le tue attività in sotto attività più semplici con un inizio e una fine ben definita in modo che sia possibile vedere progressi tangibili e sapere dove termina ogni atomo. Questa pratica ti permette di avere due vantaggi:

o Il primo legato alla gestione dell'avanzamento delle attività. Riesci ad avere maggiormente sotto controllo eventuali ritardi e problematiche da risolvere;

o Il secondo legato alla frustrazione. Il fatto di riuscire ad avere attività atomiche ti permette anche di avere ben chiaro un inizio e una fine, di ridurre la frustrazione di vedere obiettivi troppo lontani e a momenti difficilmente raggiungibili.

b. Lavora per slot di tempo predefiniti

Nella gestione della tua giornata di lavoro, dedica slot il più possibile definiti e rigidi per ogni attività da compiere. Questo ti permetterà di superare il problema della procrastinazione.

Quello che succede di solito quando dobbiamo portare a termine un'attività è che tendiamo a riempire tutto lo slot di tempo a nostra disposizione; quindi se per esempio so di avere una settimana per fare qualcosa, probabilmente la terminerò poco prima della scadenza; non è però detto che se avessi avuto la metà del tempo non sarei riuscito ugualmente a terminarla. Assegnare singole unità di tempo a singole attività atomiche ci permette di dettare i tempi e di mantenere il giusto ritmo.

c. **Riduci le riunioni inutili**

Uno dei problemi che affligge le nostre aziende sono le riunioni (interne e con i clienti), molte delle quali non realmente necessarie, che si prolungano più del dovuto e che molto spesso non portano a grandi avanzamenti. Per fare in modo che le riunioni siano produttive segui il seguente schema:

- o L'ora di inizio non è rinviabile, se manca qualcuno si inizia ugualmente;
- o Ogni riunione deve avere l'elenco dei punti da affrontare;
- o Al termine dello slot di tempo la riunione deve obbligatoriamente essere conclusa;
- o Deve essere realizzata una minuta con le azioni che si è deciso di intraprendere.

In conclusione, dobbiamo sempre avere un occhio attento all'efficienza della nostra azienda e dobbiamo imporci dei tempi di revisione di tutti gli ambiti del nostro business al fine di permettere una crescita sana e controllata

2.3 Esercizio – Calcola il valore dei tuoi clienti

Abbiamo detto poco fa che può essere più conveniente in determinate situazione perdere un cliente piuttosto che ostinarsi contro chi non è in target con il focus aziendale. Prenditi un attimo di tempo per fare questo esercizio e per poter categorizzare i tuoi clienti nei quattro gruppi descritti.

1. Estrai dal tuo software di gestione clienti l'elenco di tutti i clienti in libro paga e le informazioni sul fatturato annuo di ogni cliente;
2. Se possiedi un sistema di ticketing estrai per ogni cliente il numero di ticket gestiti nell'ultimo anno e prova a dare un valore alla gestione del cliente;
3. Aggiungi un campo in cui riportare il sentiment del cliente nei confronti dell'azienda;
4. Riporta anche l'informazione relativa al fatto che cliente abbia lasciato o meno una referenza o se gli è stato mai chiesto di farlo.

Il risultato di questo esercizio sarà una mappa del valore

dei clienti e ti permetterà, se non lo hai ancora fatto, di mettere in piedi un programma di referenze che è un passo fondamentale per incrementare la brand reputation

Usa per il tuo esercizio la seguente tabella:

Cliente	Fatturato in euro	% su Fatturato Totale	Numero Ticket	Tempo di Gestione	Sentiment	Referenza chiesta	Referenza

3 Tipi di trasformazione

L'obiettivo di questo libro è portare la tua azienda verso una direzione nuova e soprattutto darti visibilità di quello che è il corretto modo in cui dovresti guidare la trasformazione.

Come vedremo tra poco, uno degli elementi trainanti la crescita della tua azienda è la trasformazione digitale. In realtà, al fine di darti un punto di osservazione da usare nel momento in cui dovessi sentire che non stai andando nella giusta direzione, è bene affrontare in profondità quelli che sono i tipi di trasformazione nei quali per forza o per ragione si trova la tua azienda.

Il concetto che deve guidarti è che il processo di trasformazione è costante e che, piaccia o meno, non è né rimandabile né ignorabile. E no, non è una cosa impossibile, lo abbiamo detto più volte che la tua azienda è un essere vivo e dinamico. *Quello che farà davvero la differenza tra te e i tuoi competitor è il modo in cui trasformi*.

Dalla mia esperienza ci sono **3 tipi di trasformazione** con i quali sei in contatto giornalmente a cui ho dato il nome di **Normativa, Follower e Leader**.

3.1 Trasformazione "Normativa"

La trasformazione Normativa è generalmente quella che dovrebbe verificarsi meno di frequente nella tua azienda ma, è quella che nel momento in cui si verifica può portare impatti seri e nella quasi totalità dei casi inevitabili e incontrollabili al tuo business.

Parliamo di trasformazione normativa quando sei costretto a cambiare il modello di business, il modello di offerta o il modello organizzativo a causa di una nuova norma che cambia le regole del gioco e modifica le leggi del mercato così come le hai conosciute fino ad oggi.

Non sempre tuttavia questo tipo di trasformazione è negativa per il tuo business, in alcuni casi può essere un acceleratore al fatturato e alla crescita aziendale.

Per farti capire meglio che intendo per trasformazione normativa, voglio farti un esempio.

A meno che tu non sia del settore, se ti dico E-call[5] probabilmente non sai a cosa mi riferisco. E- call é un

---

[5] E-call - https://it.wikipedia.org/wiki/ECall

sistema per le chiamate d'emergenza che dal 31 marzo 2018 è presente in ogni auto. Il sistema è stato imposto dall'Unione Europea con l'obiettivo di ridurre le morti su strada attraverso la disposizione UE 2015/758 che era stata approvata nel 2015.

Quello appena citato è un tipico esempio di come il tuo business si può modificare a seguito di decisioni indipendenti dalla tua volontà. Aggiungo che, in questo caso il cambiamento, è stato annunciato con il dovuto preavviso e ha anticipato, neanche di troppo, l'esigenza di avere auto sempre più connesse; inoltre è uno di quei cambiamenti che se saputo sfruttare può portare grande valore perché impone ai tuoi clienti un adeguamento legato alla norma. Come vedremo nel capitolo dedicato agli strumenti che agevolano la tua trasformazione, in questo caso E-call ha permesso di sfruttare uno degli elementi abilitanti la Digital Transformation ovvero le tecnologie IoT (Internet of Things) per poter aggiungere servizi a valore aggiunto attorno al veicolo.

In generale la trasformazione normativa può rappresentare:

- Uno slancio per la tua azienda perché costringe i tuoi clienti a dover acquistare un nuovo tipo di prodotto/servizio per adeguarsi a quanto stabilito dalla normativa;
- La fine della tua azienda perché può stravolgere a tal punto il tuo business da portarti fuori dal mercato.

Anche se da un certo punto di vista può sembrare che questa trasformazione sia la peggiore perché dobbiamo subire l'imposizione della norma, non è esattamente così o almeno non lo è se segui le regole che ti sto per raccontare.

Anche in questo caso, come per gli altri tipi di trasformazione che andremo ad approfondire tra poco, il nostro obiettivo è quello di guidare piuttosto che subire. Ovvio che se la tua è un'azienda del "paesotto" e senza nessun network questo è praticamente impossibile. In genere il legislatore prima di prendere qualunque decisione sente i maggiori attori coinvolti, anche attraverso tavole rotonde, per uno scambio di informazioni, e studia il mercato per decidere le nuove regole da introdurre.

La regola per essere tra coloro che possono influire nelle scelte strategiche è quella di essere posizionato come esperto della tua nicchia di riferimento e a tendere diventare il leader del tuo mercato specifico. Quello del focus è uno dei maggiori temi da affrontare nella tua trasformazione aziendale e per studiare i temi legati al focus ti consiglio di leggere i libri di Al Ries iniziando da *"Le 22 immutabili leggi del marketing"* che trovi tradotto anche in italiano.

L'introduzione di normative può aprirti a nuove opportunità. Se prendiamo ad esempio il caso del sistema E-call, molte compagnie stanno già lavorando su servizi di assistenza premium e sulla possibilità di utilizzare la sim, che dovrà essere obbligatoriamente sull'auto, per avere informazioni sulle sue condizioni e poter comunicare tempestivamente al cliente la necessità di effettuare della manutenzione preventiva.

Se non sei tra gli attori della trasformazione, correrai il rischio di vedere collassare il tuo business in un solo attimo e potrebbe succedere che la tua soluzione o il tuo servizio diventi obsoleto o non più necessario nella forma in cui lo hai pensato e realizzato fino ad ora.

In realtà dal mio punto di vista non riesco a immaginare la possibilità che il tuo business venga completamente cancellato dall'introduzione/modifica di una normativa e se da un certo punto di vista sono un ottimista, dall'altro lato è anche vero che, se hai una nicchia di specializzazione e sei padrone del tuo settore, potranno essere i tuoi competitor ad avere problemi. Mi aspetto che le indicazioni che trovi in questo libro possano darti una mano per trovare il metodo giusto per guidare ed essere il leader del tuo settore.

3.2 La trasformazione "Follower"

La trasformazione di cui parliamo in questo paragrafo è quella della quale devi avere paura e se sei un'azienda di questo tipo sei davvero a rischio e devi ripensare il modello di offerta e rivedere la matrice di differenziazione.

Se vogliamo riassumerla in poche parole la trasformazione follower è quella che si rende necessaria quando devi inseguire le innovazioni introdotte dai tuoi competitor e subirne le loro scelte.

La trasformazione Follower si verifica come risultato delle seguenti cause:

1. Non sei, e probabilmente non sei mai stato, focalizzato;
2. Non hai un ambito di specializzazione reale;
3. La tua azienda è nata con l'idea di fornire gli stessi prodotti/servizi offerti dai competitor (di solito gli stessi dell'azienda dalla quale ti licenzi) ad un prezzo più competitivo e con qualche servizio aggiunto e hai sempre agito da follower;

4. Ti sei "rilassato" dopo aver raggiunto una buona posizione e penetrazione del mercato e hai perso di vista la trasformazione continua che ti permette di continuare a essere leader.

Se per l'ultima causa, agendo in fretta possiamo essere in tempo per correre ai ripari, nei primi tre casi la situazione è davvero critica.

Se sei tra le aziende descritte ai primi 3 punti, sei sempre stato costretto a seguire il mercato piuttosto che guidarlo e ti sei troppo spesso trovato a vincere le trattative esclusivamente sbragando sui prezzi e riducendo al minimo i tuoi margini.

Ricordi il detto **"nessun vento è favorevole per il marinaio che non sa dove andare?"** Ecco questa è la situazione nella quale ti trovi, se in balia delle onde del business, navighi in un mare che potrebbe essere pieno di pesci, ma non sai quale direzione dare alla tua barca per avvicinarti al punto da poterli raggiungere e catturare.

Non puoi far crescere la tua azienda se continui a ragionare da follower ma soprattutto quello che succederà presto è che la tua rincorsa a "copiare" quello che fanno i tuoi competitor non ti porterà a vincere nemmeno sul prezzo. È infatti vero che la digital transformation sta portando quelli che vengono chiamati cambiamenti *disruptive* che stravolgono completamente le regole del gioco e che non possono essere "imitati" in breve tempo e soprattutto con risultati soddisfacenti per il cliente finale.

La dura realtà è che per continuare ad essere sul mercato, e soprattutto per provare ad esserci tra altri 10 anni, l'unico modo possibile è quello di guidare il cambiamento e di essere il pioniere e l'innovatore del tuo settore. L'alternativa è essere in balia delle onde, con i motori spenti e le vele ammainate senza poter difendere la tua posizione e senza poter seguire la rotta verso il successo.

Se ti trovi nella situazione descritta in questo paragrafo la prima azione da compiere è quella di prenderti del tempo per rivedere nell'ordine:

1. **La mission aziendale**

   Chiediti come viene vista la tua azienda da fuori. Quella che i tecnici chiamano brand reputation non è solo un'invenzione moderna ma qualcosa che utilizzi tutti giorni nella scelta dei tuoi acquisti. Perché non lo fai anche per la tua azienda? Si dice che l'abito non fa il monaco, ma di sicuro lo aiuta ad avere maggiore credibilità prima di essere scoperto.

Devi chiederti:

- Quale è lo scopo per cui esiste la mia azienda?
- A quale target di clienti si rivolge?
- Che tipo di problema dei clienti risolve?
- Quale è l'ambito di expertise unico per la quale è riconosciuta?

2. L'offerta (prodotto/servizio)

Il tuo prodotto deve essere la soluzione alle problematiche dei tuoi clienti e rispondere al motivo più profondo per cui dovrebbero comprare da te.

Devi osare, significa che devi essere differente dai tuoi competitor, significa fare scelte che vanno in una direzione nuova e diversa da quella seguita fino ad oggi.

Devi chiederti:

- Quale problema specifico risolve il tuo prodotto/servizio?
- Quali sono i plus e i minus rispetto ai tuoi concorrenti?
- Esiste una soluzione alternativa all'utilizzo del tuo prodotto/servizio?
- Chi sono i tuoi competitor indiretti?

3. Il marketing

Se vuoi attirare i clienti migliori devi essere percepita come l'azienda migliore e devi essere presente nei posti in cui i clienti migliori si trovano. Devi quindi partecipare ad eventi, allargare il tuo network e fare in modo di ottenere il pass verso altri contatti.

Lavora con il marketing educativo per posizionare al meglio il tuo prodotto/servizio e fare auto squalificare i clienti non in target. È compito del tuo marketing fare in modo che entrino nel tuo funnel di vendita solo i potenziali in target.

Devi chiederti:

- Quale è il messaggio differenziante da comunicare relativamente all'offerta?
- Quale quello relativo all'azienda?
- Quali sono i clienti a cui vuoi rivolgerti?
- Quale è il target di spesa per accedere alla tua offerta?

Ognuno dei punti precedenti potrebbe essere affrontato in un libro specifico, ma se riesci a rispondere alle domande e inizi ad applicare gli insegnamenti che trovi nel libro potresti riuscire a mettere sulla giusta strada la tua azienda e ad accelerarne la crescita.

3.2 La trasformazione "Leader"

Se stai leggendo questo libro, il mio auspicio è che tu sia a capo di un'azienda che conosce già questo tipo di trasformazione e che sa correre il rischio di essere un innovatore.

La trasformazione "leader" è la trasformazione sana, quella per cui dovresti alzarti ogni mattina e far lavorare i tuoi collaboratori. Consiste nell'essere precursore dei cambiamenti e leader nella tua nicchia di mercato. Nel lavorare per offrire prodotti e servizi innovativi e che continuino a farti percepire come l'esperto del tuo settore.

Essere in questo tipo di trasformazione è molto faticoso e ti costringe a continuare a metterti in gioco, a spendere tempo e denaro per far evolvere il tuo prodotto/servizio e ad essere pronto a rendere obsoleta la tua attuale soluzione per auto squalificarla nei confronti dei clienti lasciando il passo alla novità.

Esiste un solo modo per essere un'azienda di questo tipo:

1. Conoscere il mercato e guidarne le scelte;

2. Continuare a porsi le domande dei tuoi clienti e sentire i loro problemi come fossero i tuoi;

3. Pensare che il fatto che sia sempre fatto così non è una risposta sufficiente per continuare a farlo;

4. Continuare a mantenere la tua voglia di rivoluzionare il mondo anche quando le cose sembrano avere preso la giusta direzione;

5. Sperimentare, sperimentare, sperimentare.

Sarà facile? Per nulla.

Otterrai sicuramente dei risultati positivi? Non è detto.

Quello che ti assicuro è che sarà faticoso, a volte frustrante, ma sai che stai andando nella giusta direzione. Otterrai molti risultati, non tutti positivi, ma quelli negativi saranno importanti quanto quelli positivi. Imparerai a provare veloce, sbagliare veloce e ricominciare tutto di nuovo. Battere i tuoi competitor sarà un gioco di resistenza, come direbbe Elon Musk *"alla NASA il fallimento non è accettato come risultato. Da noi invece si. Perché se le cose non falliscono significa che non stai innovando abbastanza"*.

Mentre sulla *trasformazione "Normativa"* non puoi fare molto, mi sembra ovvio che tu debba concentrare i tuoi sforzi per continuare ad essere l'azienda che porta avanti le ***trasformazioni "Leader"*** ovvero quelle che mettono in difficoltà i competitor.

3.3 Esercizio – Come portare avanti un processo di trasformazione

Pe evitare di fare degli errori grossolani nel momento in cui ti trovi a impattare con un progetto di trasformazione della tua azienda (volontaria o forzata) segui i seguenti passi base:

1. Definisci chiaramente quale sono gli obiettivi aziendali che spingono alla trasformazione;
2. Rendi il più schematico possibile il processo che dovrai trasformare;
   Fai in modo che il processo complesso possa essere capito anche da un bambino. Utilizza a tale scopo un diagramma a blocchi per mettere in sequenza i vari passi.
3. Di ogni blocco individuato al punto precedente sviscera ancora più in dettaglio tutti i sotto passaggi;
4. Individua i passi:
   a. Inutili;
   b. Complessi;
   c. Dispendiosi (in termini di tempi e costi);

    d. Poco chiari.

5. Lavora sui passi che hai individuato al punto precedente per eliminarli e/o renderli più semplici
6. Ora generalizza il funzionamento del tuo processo in un mondo digitale

Quali vincoli presenti nella versione analogica possono o meglio devono sparire nel mondo digitale? Quale incentivo dovrebbe portare questa trasformazione ai tuoi clienti e alla tua azienda che dia un senso all'investimento in termine di tempo e costi che dovrai sostenere?

Come ho detto altre volte, molto spesso siamo così assuefatti dal nostro mondo che ci sembra che tutto debba funzionare per forza nello stesso modo di sempre. La trasformazione deve partire proprio da qui, dai punti in cui tutto sembra immutabile e troppo consolidato e dove un cambiamento può rivoluzionare il tuo settore e far cambiare le sorti della tua azienda.

4 La Digital Transformation

Anche se non sei un ingegnere informatico e la tua azienda non ha a che fare con le tecnologie dell'innovazione avrai sentito parlare spesso anche tu di Digital Transformation.

Ma cosa si intende con Digital Transformation e come può impattare sulla tua azienda? Provo a darti una definizione semplicistica in modo che possa esserti subito chiaro di cosa parliamo.

Per Digital Transformation intendiamo l'introduzione della tecnologia, e dei cambiamenti organizzativi e strutturali che ne conseguono, necessari all'ottimizzazione dei processi aziendali.

Alcuni esempi di introduzione delle tecnologie dell'innovazione per migliorare i processi possono essere quelli che ti riporto di seguito:

-   Dotare la forza vendita di uno strumento che gli permetta di conoscere in tempo reale le giacenze in magazzino, di far firmare l'accordo al Cliente e di inviare l'ordine in azienda;

- Installare in catena di produzione un software integrato con il magazzino logistico, con i fornitori e con il sistema di gestione ordini per ridurre le scorte e ottimizzare l'approvvigionamento just in time.

Proviamo però a partire con ordine, vediamo innanzi tutto quali sono le motivazioni che, in genere, ti portano a non credere che la Digital Transformation sia la soluzione giusta, passiamo poi a capire quali sono i vantaggi reali che questa trasformazione porta con sé e infine capiamo come mettere le basi sulle quali costruire la trasformazione digitale della tua azienda.

4.1 Cosa ne blocca l'adozione

Come avrai capito fino a questo punto, qualunque processo di trasformazione della tua azienda ha a che fare con un cambiamento di mentalità e con la volontà di non trovare scuse che possano bloccare il processo e tenerti fermo al punto di partenza. Proprio per questo motivo, prima ancora di valutare insieme i benefici che otterrai introducendo processi di trasformazione digitale voglio raccontarti, sulla base delle mie esperienze, i motivi che comunemente ti tengono fermo ai blocchi di partenza e ti fanno credere che non sia il momento adatto per intraprendere questo viaggio. Per ognuna delle "tue" obiezioni ti spiegherò perché sono false e non puoi permettere che ti blocchino senza essere consapevole che potrai fallire in meno di 3-5 anni.

1. *Digitalizzare vuol dire perdere il controllo dei propri dati*

Come ho già detto l'impresa italiana è principalmente nata e cresciuta tra genio e sregolatezza dell'amministratore che ha avuto la giusta intuizione e che continua a credere di avere tutte le risposte ad ogni problema. Proprio per questo motivo l'idea di portare fuori dal proprio capannone i dati aziendali crea una certa apprensione. Si è infatti sopraffatti dall'idea che persone esterne possano avere accesso ad informazioni riservate.

Come vedremo nel prossimo capitolo, uno degli strumenti che abilitano la trasformazione digitale è il Cloud. Sfruttando tale paradigma, oggi quasi tutte le soluzioni di maggiore utilizzo sono fornite in modalità SaaS (Software as a Service), PaaS (Platform as a Service), IaaS (Infrastructure as a Service) ed è quindi importante assicurarsi che le infrastrutture cloud dove sono ospitate le nostre soluzioni siano sicure e che le applicazioni stesse non abbiano bug di sicurezza che ne compromettano l'affidabilità.

Quello che è sicuramente vero è che avere i dati "in casa" è la scelta meno sicura che tu possa fare. In informatica non esiste la sicurezza assoluta, quello che possiamo fare è mitigare il rischio adottando tutte le misure di sicurezza che ci proteggano dagli attacchi interni ed esterni all'azienda. È inoltre sicuramente vero che ogni giorno centinaia di nuove minacce informatiche vengono realizzate per provare ad eludere i sistemi di sicurezza.

Come dico spesso il core business delle tua azienda è garantire il miglior prodotto/servizio alla tua nicchia di mercato e il tuo reparto tecnologico dovrebbe essere al servizio del business per aiutarti a raggiungere questo scopo. Anche nel caso in cui tu sia una big corporation sarà difficile avere un reparto IT iper specializzato e che possa essere formato al pari degli specialisti di settore su temi prettamente tecnologici.

Il consiglio che sento di darti è di farti aiutare da professionisti e società affidabili e non fare che sia la sola leva economica a guidare la tua scelta. Il vecchio detto "chi più spende meno spende" non è mai stato così vero come nel caso dei servizi e progetti informatici.

2. Digitalizzare vuol dire essere ostaggi di processi informatici che potrebbero non funzionare

Premesso che puoi rallentare il processo di adozione di strumenti informatici ma che non lo puoi fermare, anche questa è una falsa convinzione.

Quello che è sicuramente vero è che come tutti i processi di cambiamento, anche l'introduzione di tecnologia prima di portare i vantaggi a regime deve passare attraverso una fase di rump up e di change management interno all'azienda che non è sempre semplice né immediata.

La realtà è che la trasformazione digitale ti permette di ottenere maggiore efficienza e maggiore sicurezza sui dati e sulla continuità del business che non potresti avere altrimenti. Non vorrei essere ripetitivo, ma l'unico rischio che puoi realmente correre è di rimanere ostaggio di un fornitore non corretto o poco professionale. Spetta però a te sapere scegliere o, come consiglio io, affidarti ad un digital transformation manager che abbia come compito quello di guidare, avendo il mandato aziendale, la trasformazione anche attraverso il coordinamento e il controllo di fornitori esterni.

3. *Digitalizzare costa troppo*

Questo forse è la più falsa di tutte le obiezioni, o almeno lo è se analizziamo l'investimento nel corretto lasso temporale. Spesso quando ricevo questa obiezione mi viene in mente il discorso tra CFO e CEO che spopola su molti social primo fra tutti Linkedin:

CFO asks CEO

"What happens if we invest in
developing our people and they leave us?"

CEO

"What happens if we don't,
and they stay?"

Nel caso dei progetti di digitalizzazione potrebbe essere riscritta come segue, anche se purtroppo in questi casi CFO e CEO sono spesso sulla stessa lunghezza d'onda.

La domanda corretta da farsi quando si valutano i costi di digitalizzazione è:

- Cosa succede se resto fermo e rimando questo processo?
- Come verrò valutato dal mercato?
- Riuscirò ad essere competitivo nei prossimi anni?
- Il beneficio economico immediato che aggravio di costi o mancati ricavi procurerà alla mia azienda?

Sebbene nella valutazione dei progetti di digitalizzazione è ormai d'obbligo calcolare il **ROI (Return of Innovation)** prima di partire, non è sempre facile per un'azienda riuscire a fare un'analisi dei costi attuali per poi verificare con precisione i tempi per recuperare l'investimento. Se stiamo considerando per esempio di effettuare un porting in cloud dell'infrastruttura aziendale, per poter effettuare un'analisi dei costi attuali dobbiamo individuare puntualmente, oltre ai costi dell'hardware e delle rispettive manutenzioni anche i costi per tenere acceso l'attuale data center. Dobbiamo inoltre riuscire a calcolare i costi legati ai maggiori fermi macchina e alle conseguenze che questo porta al nostro business.

Il mio consiglio personale è di valutare bene i costi palesi e nascosti che sostieni oggi, valutare ancora più in dettaglio i costi della trasformazione e soprattutto, valutare i costi che porterà l'immobilismo.

4. *Non abbiamo stanziato un budget in innovazione*

Direi che la risposta a questa obiezione è semplicemente la somma delle risposte alle obiezioni precedenti. In questo caso, più che negli altri, mi sento di dire che dovete farvi aiutare da un consulente per calcolare non solo il ROI dell'investimento ma anche come tale progetto impatta sulla struttura complessiva dell'azienda e quale priorità dare ad ogni voce del budget.

Come dico spesso ai miei clienti, **il budget a disposizione di ogni azienda che produce utili è idealmente illimitato,** sono solo le priorità a segnare il limite e il timing con il quale affrontare una spesa. Se un progetto di Digital Transformation non trova una voce di budget è perché non si è riusciti a trasferire la strategicità e l'importanza di tale cambiamento. Non esiste al mondo imprenditore che non sia disposto a investire quando crede nel progetto!!!

4.2 Quali vantaggi può portare alla tua azienda

Ci siamo focalizzati fino qui su quelle che ti sembrano buone ragioni per rimandare la trasformazione tecnologica e spero che avrai anche capito i motivi per cui sono false.

Concentriamoci ora su quelli che sono i vantaggi che una innovazione strutturata può portare al tuo business e in definitiva i motivi che se ignorati possono mettere davvero in crisi te, i tuoi dipendenti e il futuro della tua azienda.

Non mi piace parlare per frasi fatte, ma è evidente che qualunque sia il tuo mercato di riferimento ti trovi a lottare ogni giorno con un aumento della competitività che spesso ti porta a dover "sbragare" sui prezzi dei tuoi prodotti/servizi.

Non esiste una ricetta standard per fare in modo che questo non accada e sono molti gli elementi che costruiscono l'ecosistema per il successo. È sicuramente vero che esistono delle buone azioni che se intraprese in maniera strutturale possono portare a differenziarti dalla concorrenza, ad ottimizzare i costi di produzione, ad offrire una delivery indimenticabile del tuo prodotto/servizio e a continuare ad essere il primo nel tuo settore di riferimento.

L'introduzione di processi di trasformazione e di innovazione digitale è una di queste "buone azioni" che può portarti vantaggi almeno in queste aree:

1. *Sicurezza del tuo business e di quello dei tuoi clienti*

L'introduzione di innovazione e digitalizzazione dei processi aziendali, dai più banali quali la dematerializzazione e conservazione sostitutiva a norma, ai più complessi quali ad esempio l'introduzione di sistemi di analisi automatica delle performance dei tuoi macchinari, mettono al sicuro il tuo business dalla perdita di dati e ti danno la garanzia di non dover bloccare mai la tua catena di creazione del valore per te e per i tuoi clienti e di essere quindi in grado di rispettare gli impegni presi ottimizzando i costi di produzione e riducendo al minimo i fermi macchina.

2. *Processi snelli che si adattano alle esigenze di cambiamento*

Inutile dire che la rapidità e la capacità di adattamento ai cambiamenti del tuo business è direttamente proporzionale al grado di controllo della catena di produzione e che il modo più efficace di lavorare è quello di creare processi snelli e quanto più possibile automatizzati che si integrino e interagiscano con semplicità. È quindi importante continuare ad analizzare dove è possibile introdurre dell'automazione e come ottenere un miglioramento delle performance.

3. *Semplicità di comunicazione e accesso al mercato internazionale.*

Questo è forse il punto più importante. **Per avere un'azienda operativa 24h/24h e 365 gg l'anno** è importantissimo che i **processi siano semplificati, standardizzati e replicabili**. L'introduzione di processi digitali fa in modo che questo avvenga, semplificando la comunicazione sia interna (tra i vari dipartimenti aziendali) che esterna all'azienda (clienti e fornitori) divenendo un abilitatore all'internazionalizzazione dell'azienda e all'acquisizione di nuovi clienti.

4.3 Costruisci le fondamenta della tua trasformazione

Mi capita spesso di chiedere ai miei Clienti di raccontarmi di cosa si occupa l'azienda, di quali siano le loro responsabilità, quali sono gli obiettivi aziendali di medio e lungo periodo, chi sono i loro Clienti e quali sono le preoccupazioni e le problematiche che stanno affrontando.

A parte restare stupito di quanto, davanti ad un interlocutore realmente interessato le persone vogliano aprirsi e raccontarsi, la cosa più interessante che accomuna la maggior parte delle aziende è che il reparto IT è visto come un ostacolo e in alcuni casi una fonte di rallentamento del business aziendale.

Provo a spiegarmi meglio, la rivoluzione digitale ha portato a creare interfacce e programmi sempre più user friendly. È quindi normale, per i non addetti ai lavori, pensare che tutto sia facile da realizzare e soprattutto immediato. Come conseguenza il reparto IT dovrebbe rispondere e risolvere in tempo zero e, soprattutto, con budget zero a tutte le esigenze e problematiche dell'azienda.

Dalla mia esperienza, salvo campi di applicazione davvero specifici in cui non è sempre possibile semplificare, vige la regola che maggiore è l'usabilità e la semplicità d'uso dei sistemi e più alta è la complessità intrinseca. Per dirla ancora più semplice, più il programma è a prova di "stupido" maggiore è l'impegno per nascondere la complessità. Questo vale sia in ambito informatico che nell'organizzazione dei processi.

Dando per assodato che sappiate benissimo chi sono i vostri Clienti, prima di iniziare qualunque processo di digitalizzazione dovremo riuscire a rispondere alle seguenti domande:

1. Quali sono i processi core e quali quelli di supporto al business?
2. Quali sono i processi che vengono percepiti dai Clienti?
3. Come i processi impattano sulla esperienza di acquisto dei Clienti?
4. Quali sono i punti di forza e quali le criticità nel confronto con la concorrenza?

La risposta a queste domande costituisce la base per dare

le priorità ed intraprendere un processo di organizzazione, trasformazione e digitalizzazione dell'azienda che faccia in modo che:

1. I processi core e quelli a supporto del business lavorino in maniera armonica e ti aiutino ad incrementare il fatturato;
2. Ci sia un focus particolare sui processi che impattano in maniera diretta i Clienti;
3. Che l'esperienza di acquisto sia la migliore del settore e sia indimenticabile;
4. Che i punti di forza siano la leva per il business e le criticità siano mitigate o annullate grazie alle azioni dei punti precedenti.

Quelli che abbiamo individuato rappresentano le fondamenta sulle quali costruire la trasformazione digitale e non della tua azienda. Solo identificando in maniera analitica i processi di business e le priorità con le quali impattano i tuoi clienti è possibile fare in modo che i progetti di trasformazione digitale non siano solo un esercizio di stile ma possano partire con obiettivi chiari e soprattutto portare risultati concreti e misurabili.

Affinché **la Digital Transformation possa portare i risultati**

sperati è necessario che, sulla base dell'analisi fatta ai punti precedenti, si tenga presente dei seguenti principi di base:

a. Deve essere funzionale al business

Non credo nell'innovazione a tutti i costi. L'innovazione deve essere funzionale al business e deve essere fatta per raggiungere degli obiettivi specifici che agevolino e semplifichino l'efficienza e l'espansione dell'azienda. Proprio per questo motivo il punto di partenza è la focalizzazione sui singoli processi e l'analisi dei punti di miglioramento.

b. Deve essere misurabile

Prima di imbarcarsi in un progetto di trasformazione, è sempre fondamentale definire in anticipo quali sono i risultati concreti che si intende raggiungere e dare un valore a tali risultati. Non basta ad esempio avere come obiettivo quello di rendere più efficiente il processo di vendita, ma deve essere definito in che modo e che risultati in termini di ritorno economico e di efficienza ci si aspetta. In questo caso specifico i risultati potrebbero essere, ridurre del 30% il tempo di evasione di un ordine, aumentare il numero delle visite presso i clienti del 10%, aumentare il Net Promoter Score (NPS) di 2 punti, etc...

c. Deve essere fatta nel rispetto dei requisiti di business

Prima di iniziare un progetto di trasformazione devono essere chiaramente identificati i processi che verranno impattati dal cambiamento e deve essere definito come il nuovo modello verrà integrato nei processi esistenti e perché l'introduzione di tecnologia dovrebbe rappresentare un vantaggio per il business.

d. Non può essere improvvisata

Troppo spesso vedo aziende che introducono innovazione solo perché un bravo venditore è stato in grado di convincerli che fosse necessario. Credo che tu lo abbia già capito, ma di qualunque tipo sia la trasformazione, non può essere improvvisata e fine a se stessa. Per fare in modo che questo accada, **dovete essere voi a guidare il cambiamento** e dovete affidarvi a consulenti che prima di tutto capiscono i needs del vostro business per poter successivamente valutare il beneficio che l'automatizzazione e l'introduzione di tecnologia può portare all'azienda.

e. La sua adozione deve essere accompagnata da una gestione puntuale del change management

Per raggiungere gli obiettivi pianificati è necessario che **venga gestito in modo ossessivo il processo di change management**. L'introduzione e l'adozione della tecnologia è la parte più difficile di tutto il progetto, serve l'ingaggio di tutto il management aziendale e serve coinvolgere gli stakeholder del progetto in ogni fase. Il modo migliore per accettare il cambiamento è rendere partecipi e corresponsabili delle scelte tutti gli attori coinvolti. Le decisioni non devono essere calate dall'alto ma devono essere il risultato tangibile per la risoluzione di problematiche sentite e condivise.

Dal mio punto di vista è necessario trattare i temi della digital transformation in maniera scientifica; l'improvvisazione non è consentita e i risultati devono essere calcolabili. Per portare i vantaggi sperati, il focus deve essere sul business e si deve avere la consapevolezza che tutti i processi di cambiamento richiedono dei tempi di messa in esercizio e affinamento ricorsivo alla fine dei quali tutto funzionerà nel modo corretto, con maggiore efficienza e con una sicurezza sui dati e sulla continuità del business che non potrebbe esserci altrimenti.

Non fatevi confondere da progetti troppo belli per essere

veri, lavorate step by step raggiungendo la vetta un passo alla volta e facendovi aiutare da un professionista per disegnare insieme il percorso verso il cambiamento.

5 Le armi per accelerare la tua trasformazione digitale

Se sei arrivato a questo punto, avrai ben chiari i passi da compiere per dare slancio alla tua azienda e al tuo business e soprattutto avrai capito che **la chiave del tuo successo** sta nella parola **trasformazione.**

Abbiamo visto come iniziare ad approcciare la trasformazione del business e come quella digitale. Ora voglio darti un punto di vista su quelle che sono le armi in tuo possesso per accelerare la trasformazione digitale della tua azienda, se le ignori è a tuo rischio!!!

È doveroso fare una premessa, ogni paragrafo di questo capitolo meriterebbe di essere approfondito in un libro specifico, ma l'obiettivo che cercheró di raggiungere è darti una linea guida per sapere da dove partire e quali sono gli strumenti per scegliere le persone e le aziende giuste con cui farlo. È infatti necessario che tu abbia degli insight che ti aiutino a prendere decisioni ponderate e che ti permettano di non essere in balia degli eventi.

5.1 Il Cloud

Ho già espresso negli altri capitoli il mio punto di vista sul fatto che un buon reparto IT debba essere a supporto del business e debba focalizzarsi sulla semplificazione dei processi per far funzionare come una macchina perfetta la tua azienda. È anche vero che molto spesso, tale reparto è sottodimensionato e non è in grado quindi di garantire i massimi standard qualitativi in termini di sicurezza e affidabilità di tutta l'infrastruttura.

D'altro canto non è certo colpa degli IT Manager se il budget a loro disposizione non è sufficiente per avere sale server di ultima generazione, sistemisti dedicati a garantire che tutto funzioni e personale impiegato a verificare costantemente che l'infrastruttura sia sempre up and running al 100%.

Per quanto possa sembrare contro intuitivo a chi non è un esperto del settore, nella maggior parte dei casi (direi praticamente sempre) avere l'infrastruttura in casa comporta un aggravio di costi e soprattutto mette davvero in pericolo l'azienda con un rischio economico incalcolabile.

Prendiamo ad esempio il caso del worm Wannacry che ha messo in ginocchio molte nazioni e che ha creato seri danni a molte aziende.

WannaCry[6], chiamato anche WanaCrypt0r 2.0, è un worm, di tipologia ransomware, responsabile di un'epidemia su larga scala avvenuta nel maggio 2017 su computer con Microsoft Windows. In esecuzione cripta i file presenti sul computer e chiede un riscatto di alcune centinaia di dollari per decriptarli.

Il 12 maggio 2017 il malware ha infettato i sistemi informatici di numerose aziende e organizzazioni in tutto il mondo, tra cui Portugal Telecom, Deutsche Bahn, FedEx, Telefónica, Tuenti, Renault, il National Health Service, il Ministero dell'interno russo, l'Università degli Studi di Milano-Bicocca. Al 28 maggio sono stati colpiti oltre duecentotrentamila computer in 150 paesi, rendendolo uno dei maggiori contagi informatici mai avvenuti.

---

[6] Wikipedia WannaCry - https://it.wikipedia.org/wiki/WannaCry

Come hai visto tra le aziende colpite dal worm ci sono state anche big corporation che sicuramente hanno sistemi di gestione e controllo dell'infrastruttura molto avanzati.

Io ho personalmente parlato con IT Manager che hanno preferito spegnere i loro server e scollegare il loro business dal mondo per non rischiare di essere contagiati. Ma credi che questo possa salvare il tuo business? Per quanto tempo puoi tenere scollegata la tua azienda dal mondo esterno e soprattutto sei sicuro che quando accenderai di nuovo i sistemi non ci sia qualche altra falla di sicurezza nella tua rete che ti porterà a dover gestire un'altra situazione critica? Sei sicuro che la tua azienda e i tuoi clienti possano fare a meno di accedere ai sistemi senza che questo provochi un danno economico e di immagine?

La scelta di esternalizzare l'infrastruttura (indipendentemente dal tipo di servizio che sceglierai di utilizzare) è davvero la scelta più saggia che tu possa fare per la tua azienda.

Utilizziamo un semplice esempio per cercare di capire il perché di questa risposta netta. Supponiamo che tu abbia a disposizione 1 Milione di Euro in contanti. Ti sentiresti tranquillo sapendo che sono in una valigetta nel salotto di casa tua? Non dormiresti sonni più tranquilli sapendo che sono al sicuro in una banca?

Esatto, in questa situazione la cosa più giusta da fare, prima ancora di decidere come gestirlo, sarebbe quella di esternalizzare il servizio di custodia del tuo capitale. Questo non vuol dire scegliere come utilizzare o preservare il capitale: se mettere i soldi in un libretto di risparmio, se investire in borsa, o se tenerli in una cassetta di sicurezza. Vuol dire essere certi che, in qualunque modo vorrai utilizzare il tuo capitale, sarai sicuro di non doverti preoccupare di custodire i soldi da furti, incendi o altre catastrofi e soprattutto non metterai a rischio neanche la tua incolumità.

Ecco, lo stesso vale per la tua infrastruttura, portarla in un Data Center di ultima generazione è la prima scelta da fare, ed è necessario essere consapevoli di questo prima ancora di decidere in che modo, se utilizzando servizi di **Cloud pubblico, Cloud Privato, Colocation, Cloud Ibrido** o qualcosa che non è ancora stato inventato.

Qualunque sarà la decisione che prenderai sarai sicuro che, scegliendo un Data Center con gli adeguati livelli di sicurezza e un giusto partner che ti supporti in questo cambiamento, non dovrai preoccuparti delle sciagure che potranno succedere alla tua sala server (incendio, alluvione, furto, corto circuito ecc.).

Il driver che ti deve guidare in questa scelta è sempre relativo a quanto importanti siano i dati della tua azienda. **Può essere accettabile perdere tutti i dati e le informazioni della tua azienda?** Chiunque si aspetta che questo non succeda, ma credi che il fatto di fare un backup notturno e tenerlo nella stessa stanza dove sono i tuoi server possa farti dormire sonni tranquilli? E se anche lo fosse, puoi accettare di restare fuori dal mondo e bloccare il business a causa di un calo di energia elettrica o di una interruzione di connettività? E se peggio ancora dovesse andare a fuoco il tuo Data Center? Puoi permetterti di bloccare tutte le attività per settimane prima di riprendere a lavorare?

Sulla base delle risposte alle domande precedenti, e supportato da uno specialista, potrai capire quale tra le soluzioni tecniche sia quella che maggiormente si adatta alla tua azienda. Se per esempio la tua infrastruttura è ancora "giovane" la soluzione migliore potrebbe essere quella di optare per un servizio di **colocation** ovvero di migrare fisicamente la tua infrastruttura in un data center, o in alternativa di creare un servizio di **Disaster Recovery** o **Business Continuity** remoto.

L'obiettivo di questa sezione non è quello di introdurre concetti estremamente tecnici, ma di darti degli spunti di osservazione e soprattutto di aiutarti a rompere i pregiudizi che ti bloccano su posizioni che mettono a rischio il futuro della tua azienda.

Proviamo quindi a chiarire i principali dubbi che, nel momento in cui inizi un progetto di razionalizzazione dell'infrastruttura e di migrazione in cloud, potrebbero ostacolarne il processo e soprattutto i motivi per cui sono falsi

- ***Non sono sicuro di portare i dati della mia azienda in cloud***

Questa è una delle obiezioni più frequenti.

Se da un lato riesco a capire che possa essere destabilizzante sapere che tutto il patrimonio informativo della tua azienda sia custodito da un "estraneo" (il Fornitore/Partner di servizi cloud) d'altro canto la prima risposta a questa obiezione è relativa a tutti i temi sulla sicurezza dei dati affrontati poco fa.

Sono molti gli imprenditori vecchio stampo che si irrigidiscono e sono convinti che non permetteranno mai che i propri dati siano portati all'esterno. Se dovessi essere uno di quelli, devo metterti d'avanti ad una dura verità: **"l'unico computer sicuro è quello spento, scollegato dalla rete e buttato in fondo all'oceano".**

Per citare una fonte autorevole, questo è quello che riportava Il Sole 24 Ore [7]: *"Non è un "pour-parler" ma un dato statistico ribadito a più riprese: le principali minacce per la sicurezza dei dati di un'azienda vengono dall'interno. In oltre la metà dei casi, questo dicono vari sondaggi condotti dai vendor di security, preziose informazioni riservate oltrepasserebbero i confini dell'azienda o per cause accidentali e involontarie o per imperizia o perché trafugate di proposito. E nella quasi totalità dei casi, al verificarsi di un episodio fraudolento compiuto all'interno dell'organizzazione, sembra che le aziende nemmeno si*

---

[7] Le falle di sicurezza nell'azienda estesa - http://www.ilsole24ore.com/art/SoleOnLine4/SpecialiDossier/2008/in fosecurity/infosecurity-falle-sicurezza-azienda-estesa.shtml?uuid=4310339c-d303-11dc-8046-00000e25108c

accorgano di quanto avvenuto"

- ***Chi mi garantisce che le risorse virtuali in cloud siano davvero a mia disposizione e che non ci siano problemi nel momento in cui ho esigenze di picco***

Nel mondo virtuale, dove le risorse sono condivise, può essere lecito chiedersi se quest'ultime siano davvero disponibili per le nostre esigenze e cosa potrebbe succedere al crescere del business o in caso di esigenze temporanee di picco. Il modo migliore per affrontare questo dubbio è quello di farsi aiutare da uno specialista a dimensionare correttamente l'infrastruttura in cloud, di rivolgersi ad un provider affidabile e di prevedere nel contratto che i picchi di richieste siano gestisti in maniera automatica salvo poi rivedere le stime o pagare un extra per le risorse aggiuntive utilizzate.

Quello che è sicuramente vero è che la gestione dei picchi può essere un problema che potrebbe mettere in crisi la tua infrastruttura fisica nel momento in cui, la naturale obsolescenza ti porta a lavorare al limite delle risorse effettivamente disponibili prima di effettuare un upgrade fisico. È invece molto più facile "prendere in prestito" risorse da una infrastruttura in continua crescita, dimensionata per ospitare molti Clienti e in grado di accogliere il nuovo business che si acquisisce.

- ***Abbiamo appena aggiornato la nostra infrastruttura HW quindi non è il momento di pensare al cloud***

Fermo restando che esternalizzare la propria infrastruttura non significa per forza utilizzare servizi di cloud pubblico o infrastruttura condivisa, in questo caso specifico è importante ricordare che i server sono solo una componente del tuo data center e che quindi per essere tranquillo di garantire la continuità operativa, la soluzione migliore in questa situazione potrebbe essere quella di affidarsi ad un servizio di Colocation o di definire un servizio di Disaster Recovery o Business Continuity in cloud. Ad ogni modo **il fatto di aver comprato nuovo hardware non mette al sicuro te e il tuo business** da tutte le problematiche descritte fino a questo momento.

- ***Aggiungo un livello di complessità e una perdita del controllo dovendo accedere ai miei server in remoto e non potendo intervenire fisicamente quando voglio***

Anche questo è un falso mito. Nel momento in cui affronterai un progetto di migrazione e farai l'inventario delle macchine fisiche, delle macchine virtuali, delle applicazioni installate, delle procedure automatiche e di tutto quello che ruota intorno al tuo data center, ti stupirai di quanto la routine giornaliera ti porti ad essere inefficiente e disorganizzato nella gestione dei tuoi server. Non è poi vero che non si possa intervenire fisicamente sui tuoi server, ma, nel caso in cui tu abbia delle macchine di proprietà nel data center, proprio per avere maggiore sicurezza, puoi esternalizzare tutte le attività che richiedono fisicamente di essere fatte sulle tue macchine o chiedere l'autorizzazione per accedere in sala server. Ultimo ma non meno importante, oggi si sta diffondendo quello che è definito **Cloud Ibrido** che rende trasparente a te e al tuo business il luogo in cui sono le tue macchine e soprattutto in quanti luoghi sono (in uno o più Data Center, on premise, etc..) e di gestire la tua infrastruttura logicamente come se fosse in un solo luogo.

5.1.1 I passi per mettere al sicuro la tua infrastruttura

Sono sicuro che se sei l'amministratore di una società quello che sto per dire non ti farà piacere, ma è necessario fare una premessa nel caso in cui il lettore sia l'IT Manager. Fossi in te utilizzerei i passi riportati di seguito per mettere al sicuro prima di tutto la tua professionalità. Prepara un report alla proprietà nel quale spieghi che se non verranno seguite le tue indicazioni non potrai essere ritenuto responsabile di tutte le problematiche più o meno gravi che potranno succedere e fai percepire in modo netto e concreto quale è il modo professionale per gestire l'infrastruttura aziendale e soprattutto fai trasparire il peso e rischi dell'inerzia in termini di costi, tempi e danno d'immagine.

Ecco di seguito **la guida in 4 fasi**, da seguire in sequenza, **per garantire alla tua azienda di essere resiliente ad ogni tipo di imprevisto.**

- **Step 1:** *Dotarsi di un sistema di Backup in Cloud o in una sede "sufficientemente" remota*

Partiamo dal presupposto che conservare i vostri backup, in un NAS (Network Attached Storage) o una SAN (Storage Area Network) nella stessa sala server o in una sala adiacente non mette al sicuro i vostri dati. È quindi fondamentale che vi dotiate di un sistema di backup, non importa quale software decidiate di utilizzare (Veeam [8], Carbonite [9] o Avamar [10] per citare i primi nella mia mente), ma è importante che sia in un luogo sicuro.

Sapete perché consiglio di acquistare un servizio di *Backup as a Service*? Per due principali ragioni:

1. Non dovrete più preoccuparvi di acquistare nuovo storage fisico al crescere della dimensione del backup; inoltre potrete pagare sempre e solo per la reale dimensione necessaria;

2. Potrete contare sul supporto di specialisti per settare le policy e soprattutto per verificare che tutto continui a girare nel modo coretto. Il primo problema che si verifica quando serve un backup è che nessuno si è accorto che la procedura va in errore e che quindi

[8] Veeam Backup & Replication - https://www.veeam.com/it/vm-backup-recovery-replication-software.html
[9] Carbonite - https://www.carbonite.com/
[10] Avamar - https://italy.emc.com/data-protection/avamar.htm

l'ultimo backup valido è vecchio di parecchie settimane.

- **Step 2:** _Dotarsi di un sistema di Disaster Recovery_.

Partiamo con il definire cosa é un sistema di Disaster Recovery (DR):

"Disaster Recovery è l'insieme di processi e tecnologie atti a ripristinare sistemi, dati e infrastrutture necessarie all'erogazione di servizi "core business" a fronte di gravi emergenze (disastri)."

Quindi nel momento in cui dovessimo affrontare una grave emergenza (incendio, alluvione, terremoto...) dovremo avere un'infrastruttura attrezzata e pronta ad essere accesa per ospitare solo e soltanto i servizi "Core business".

A differenza delle **Business Continuity** che garantisce che tutto funzioni senza percepire nessuna forma di disservizio anche se l'infrastruttura principale ha un fault, il DR è utilizzato solo in casi estremi nei quali è fisicamente impossibile recuperare e lavorare sulle macchine fisiche. Per essere considerato valido un sito di DR deve essere posto ad almeno 50Km di distanza da quello principale (in bibliografia vengono riportate distanze di 150/200Km, ma 40/50Km sono già una distanza che ci rende tranquilli).

In caso di disastro verrà quindi attivata, come definito nel **Disaster Recovery Plan**, la procedura per il ripristino d'emergenza delle funzionalità necessarie a far funzionare, anche se non necessariamente con prestazioni pari al 100%, la tua azienda.

Date le informazioni precedenti, è chiaro che il fatto di avere in una sala vicina a quella principale le vecchie macchine che invece di essere dismesse, si ipotizza possano essere accese in caso di disastro non è una soluzione perché:

1. Non sono ad una distanza sufficiente da garantire che non siano coinvolte dal disastro;
2. Non è detto che al riavvio tutto funzioni correttamente. Nel piano di disastro infatti è prevista la verifica periodica dell'intera infrastruttura, compreso il funzionamento delle macchine virtuali e la verifica di consistenza dei backup usati per il ripristino.

- **Step 3:** *Introdurre un sistema di business continuity*

Che succede se dovesse verificarsi un problema alla vostra infrastruttura principale? Senza una business continuity (BC) il tuo business sarà bloccato in attesa che la problematica venga risolta e che i sistemi vengano riattivati.

È importante capire in questo caso quanto è mission critical il tuo business e quante perdite economiche o danno di immagine possa portare un fermo macchina. Sulla scelta se dotarsi o meno di una BC, quelli precedenti devono essere i driver che guidano la scelta. Se essere fermi qualche ora, al limite un giorno, non porta perdite di utili/clientela/loyalty al marchio, allora non è sicuramente da considerare prioritario dotarsi di una BC, in caso contrario è un investimento che con probabilità molto alta avrà il suo ritorno al primo disservizio evitato.

- **Step 4:** *Passare ad una soluzione Total Cloud*

Il passo finale è quello di avere, l'infrastruttura principale, la Business Continuity e il Disaster Recovery in cloud. In questa ipotesi avrai la garanzia che il tuo business non subirà praticamente mai un blocco e che i dati aziendali siano salvaguardati dalla migliore soluzione tecnica possibile.

Resta inteso che **dovete considerare obbligatori almeno i passi 1 e 2** e che, **se non li avete** già, **il vostro business è in serio pericolo** e con lui anche la solidità della vostra azienda e i dati e servizi che offrite ai vostri clienti.

5.1.2 Esercizio – Individua in che stato si trova la tua infrastruttura.

Ora che hai tutte le informazioni relative all'importanza di adottare soluzioni cloud per la tua azienda, ti chiedo di prenderti 5 minuti per rispondere alle seguenti domande in maniera sincera e per cercare di fare chiarezza sulla situazione nella quale si trova la tua azienda.

La tabella seguente semplifica di molto le analisi che dovremo fare per capire quale sia la reale situazione relativa all'infrastruttura tecnologica e quale sia il vero profilo di rischio, ma può comunque darci una visione di quanto possa essere più o meno grave la situazione.

Alle domande in tabella rispondi con una delle opzioni riportate nella colonna "risposta" e assegna un punteggio cosi come di seguito riportato:

SI	**10**
No	**0**
Basso	**10**
Medio	**5**
Alto	**0**

Domanda	Risposta	Punteggio
La tua infrastruttura è in cloud?	Si/no	
le tue applicazioni girano su macchine virtuali?	Si/no	
Hai un servizio di backup in cloud?	Si/no	
hai creato un Disaster Recovery in una sede sufficientemente lontana dalla principale?	Si/no	
Esiste un'infrastruttura per garantire la business continuity?	Si/no	
Quale é il danno economico per ogni ora di fermo macchina?	Alto/medio/basso	
Quale é il danno di immagine per ogni ora di fermo macchina?	Alto/medio/basso	
Credi che il numero di risorse del tuo reparto IT sia adatto a gestire tutte le attività assegnate?	Si/no	
Ti occupi della formazione tecnica delle persone del tuo reparto IT?	Si/no	
	TOTALE	

Se il punteggio complessivo è inferiore a 50 Punti la tua azienda, il tuo business e i tuoi clienti sono in serio pericolo. È necessario in questo caso che sia fatto un assessment serio di tutta l'infrastruttura tecnologica presente in azienda e che, con l'aiuto di un consulente si proceda velocemente con la razionalizzazione e la messa in sicurezza di tutte le risorse.

Se il punteggio complessivo é vicino a 70 - 90 punti allora stai procedendo nella direzione giusta verso la messa in sicurezza e la gestione oculata delle tue risorse informatiche. Stai tutelando l'operatività della tua azienda e garantendo la sicurezza dei tuoi clienti.

Se lo vorrai, mi piacerebbe che condividessi con me il risultato che hai ottenuto raccontandomi brevemente la situazione attuale così da provare a darti il mio parere sul modo e sui passi da compiere. **Entra in contatto con me sul mio blog www.sromano.it** e su **www.trasformazioneintegrata.it** e scrivimi su **simone@trasformazioneintegrata.it**

5.2 L'Internet of Things - IoT

Hai mai pensato al fatto che i tuoi prodotti possano parlare?

No, non è una provocazione, è piuttosto una domanda molto seria. Quanti dei tuoi prodotti riescono a parlare con i tuoi Clienti e/o riescono a farti avere un feedback sul loro funzionamento o utilizzo?

L'Internet of Things, o anche **Internet delle Cose**, ha come obiettivo quello di interconnettere gli oggetti in modo che possano comunicare e scambiarsi informazioni.

La tecnologia si è sviluppata così velocemente che, se fino a qualche anno fa l'obiettivo dei telco provider era quello di dotare di uno strumento di comunicazione ogni persona, oggi si sta raggiungendo sempre più velocemente l'obiettivo di rendere interconnessi e comunicanti tutti gli oggetti che ci circondano.

Se non ti è ancora chiaro l'ambito di applicabilità dell'IoT provo a farti un esempio che sicuramente conoscerai. Hai presente l'auto a guida autonoma di Tesla? Ecco, le auto Tesla sono grandi oggetti connessi che applicano in toto le innovazioni introdotte dall'internet delle cose e anche dell'intelligenza artificiale.

Come puoi immaginare l'argomento è così vasto e in continua evoluzione che non basterebbe un libro intero per entrare nei dettagli della tecnologia e per sviscerare i vari utilizzi. Anche qui lo scopo è darti una visione che possa indirizzarti e aiutarti nella scelta di quale sia il modo migliore per continuare a far crescere la tua azienda.

È obbligatorio fare ancora una piccola premessa; da un punto di vista tecnologico sono molti i tipi di tecnologia, più o meno sofisticati, che ti permettono di abilitare i prodotti alla comunicazione. Partendo dalla più semplice ovvero l'utilizzo di **QrCode** o di **codici a barre**, passando per le tecnologie **RFID**, **NFC**, **Beacon**, per arrivare ad **hardware progettato ad-hoc** appositamente per condividere informazioni sul tuo prodotto, come ad [...]ti i dispositivi per il telecontrollo e per [...]striale.

[...]nfonderti le idee o farti percepire [...]logia come complicata e lontana dal tuo mondo; dal mio punto di vista, l'importante è che tu sappia che esiste un modo nuovo e più efficace per integrare e interagire con i tuoi prodotti e offrire quindi un servizio migliore e ancora più esclusivo ai tuoi clienti.

Cerchiamo di scendere un po' più in profondità sui benefici che l'introduzione di tecnologie IoT porta alle aziende e per fare questo utilizziamo i dati dell'*IoT Barometer 2017/2018 pubblicato da Vodafone* [11], che entra in dettaglio su quella che è la penetrazione e la diffusione degli oggetti connessi:

1. **Il 95% delle aziende ha** dichiarato di aver **ottenuto benefici tangibili** dall'adozione di tecnologixe IoT;
2. Le organizzazioni hanno ottenuto un **incremento dei ricavi** e una **riduzione dei costi**;
3. **Oltre il 51%** di chi ha introdotto tecnologie IoT ha affermato di aver **ottenuto nuove fonti di ricavi** per l'azienda;
4. L'IoT sta promuovendo la trasformazione aziendale. **Il 74% concorda sul fatto che la trasformazione digitale è impossibile senza *IoT***.

---

[11] IoT Barometer 2017/18 -
http://www.vodafone.com/business/news-and
paper/iotbarometer

Partendo dalle macro informazioni riportate nello studio, proviamo a capire insieme che vantaggi può portare alla tua azienda far "*parlare i prodotti*" e quindi quali possono essere gli ambiti di applicabilità:

- Fornire Informazioni sulla tracciabilità e sul processo di produzione del singolo prodotto/lotto;
- Aumentare l'efficienza e l'efficacia del processo di garanzia e manutenzione;
- Fornire la garanzia di anticontraffazione del prodotto;
- Raccogliere informazioni di utilizzo per effettuare manutenzione predittiva e non avere rotture improvvise;
- Introdurre processi di telecontrollo;
- Effettuare aggiornamenti software senza dover intervenire fisicamente sul prodotto.

Poter avere oggetti connessi, ci permette di godere di due vantaggi principali:

1. *Rendere più efficiente la nostra azienda*: dalla riduzione dei fermi macchina nei processi di produzione, alla gestione del servizio di post vendita;
2. *Fornire ai clienti un servizio esclusivo e personalizzato*: è possibile utilizzare tutte le informazioni raccolte per

inviare alert al cliente e evitare guasti gravi o per fornirgli informazioni sull'utilizzo del prodotto che possono aiutarlo ad usarlo in maniera migliore.

Devo dire che a differenza di altri ambiti, quello IoT in questo momento mi sembra essere il settore in cui il limite di applicabilità è davvero la fantasia. È inoltre vero, che non è sempre necessario affrontare investimenti elevati per poter introdurre elementi di comunicazioni ai prodotti che permettano di ottenere tutti i vantaggi descritti nell'IoT Barometer.

5.3 L'Intelligenza Artificiale - AI

Quello dell'intelligenza artificiale è uno dei temi più ostici per non addetti ai lavori, soprattutto perché sembra essere appannaggio di grandi aziende che possono permettersi di spendere svariati milioni di euro in sperimentazioni. Se pensiamo a Tesla, e alla sua macchina a guida autonoma, ci rendiamo conto dell'ordine di grandezza degli investimenti necessari per introdurre questo tipo di innovazione.

È d'altra parte vero che, nel giro di poco tempo, l'intelligenza artificiale avrà sulle nostre vite un impatto pari a quello della rivoluzione industriale o della nascita del web. È già in effetti iniziato il dibattito sull'eticità dell'intelligenza artificiale e sugli impatti che potrà portare sul mondo del lavoro, ma la discussione e i veri impatti si vedranno a mio parare tra 5-7 anni quando la tecnologia inizierà ad assumere una certa maturità e una ampia adozione.

Le basi dell'intelligenza artificiale[12] sono da ricondursi al 1956 quando al Dartmouth College, nel New Hampshire, si tenne un convegno dedicato allo sviluppo di macchine intelligenti. L'iniziativa era proposta da un gruppo di ricercatori, guidato da John McCarthy, che si proponeva di creare in pochi mesi una macchina capace di simulare l'apprendimento e l'intelligenza umana. La sfida fu accolta da personalità di spicco del mondo accademico e industriale, tra le quali Marvin Minsky e Claude Shannon del Dartmouth College, Arthur Samuel di IBM, Ray Solomonoff e Oliver Selfridge del MIT. Fu nell'ambito di questo convegno che McCarthy introdusse per la prima volta il temine "intelligenza artificiale" e ne sancì di fatto la nascita come disciplina autonoma.

Da allora, molto è cambiato da un punto di vista tecnologico anche se le basi relative all'apprendimento delle macchine, fondato sull'utilizzo di reti neurali è rimasto pressoché invariato. Di base, come succede per l'essere umano, i risultati di una macchina che utilizza meccanismi di Artificial Intelligence sono la conseguenza di tutte le esperienze fatte fino a quel momento; ecco

---

[12] Intelligenza Artificiale Wikipedia -
https://it.wikipedia.org/wiki/Intelligenza_artificiale

I chatbot hanno un tasso di lettura di molto superiore rispetto agli strumenti tradizionali di marketing poiché sono meno invasivi e si "camuffano" da messaggi di servizio. Ti permettono inoltre di tracciare con maggior precisione in che punto del funnel si trova il tuo cliente e di continuare il processo di conversione dal punto esatto in cui si è fermato,

- **Nella fase di acquisto**

  Puoi rispondere alle domande dei tuoi clienti 24 ore su 24 eliminando i dubbi che possono bloccare un acquisto di impulso. Non esiste modo più efficace per fornire un assistente alle vendite sempre presente, sempre gentile e cortese e disponibile ad aiutare i tuoi clienti in ogni momento del processo di acquisto riducendo considerevolmente il numero di carrelli abbandonati,

- **Nella fase di gestione del processo di consegna**

  Dando al tuo cliente un assistente virtuale che risponde e che lo tiene informato sull'avanzamento dell'ordine e su altri dubbi successivi alla fase di acquisto;

- **Nella fase di gestione del processo di customer care e assistenza**

Puoi ridurre di molto l'utilizzo del numero verde e della mail, risolvendo le problematiche "standard" con un Bot, aumentando il livello di servizio percepito e riducendo di molto i costi di gestione del servizio clienti.

Gli **strumenti** che puoi utilizzare **per creare il tuo ChatBot** sono molteplici e non sempre richiedono di avere competenze informatiche elevate. Per aiutarti a scegliere quello che fa per te, di seguito ti riporto un elenco degli strumenti più utilizzati per crearne uno:

- **Botsify:**

   ti permette di creare il tuo Bot senza conoscere il codice e senza dover programmare il tuo robot per dare risposte sensate;

- **ChattyPeople:**

   perfetto per chi sceglie Facebook Messenger e Slack. Si rivolge soprattutto a piccole e medie imprese ed ha un livello di complessità superiore;

- **Onesequel:**

   puoi generare chatbot per Messenger, ma anche per Telegram e Viber. Una piattaforma completa che può essere usata per sviluppare bot complessi e completi;

- **MobileMonkey:**

ti permette di creare in pochi minuti il tuo Bot per Facebook senza essere un programmatore;

- **ManyChat:**

una delle piattaforme più utilizzate che tra l'altro ti permette anche la configurazione tramite drag and drop dei contenuti da inviare in chat;

- **Chatfuel:**

il vantaggio di questa soluzione è nella rapidità con la quale in pochi minuti ti permette di creare il tuo bot Facebook.

Utilizza i ChatBot per semplificare e rendere ancora più interattiva ed efficace la relazione con i tuoi clienti.

5.4 Big Data Analytics

Quello dell'analisi dei big data è l'ultimo tassello del puzzle che abbiamo costruito per rafforzare la posizione della tua azienda nel mercato. Fino a pochi anni fa, la maggior parte delle aziende memorizzava una grande quantità di dati senza saper bene che utilizzo farne. Con l'introduzione massiva di cloud, IoT e intelligenza artificiale, la quantità di dati provenienti da fonti diverse, ha raggiunto dimensioni davvero importanti.

È necessario però fare una piccola premessa che può aiutarti a eliminare il blocco più grande nella valutazione delle opportunità offerta dalla Big data Analysis.

La big data analysis si compone di due parti, la prima parte sono i **BIG DATA** e la seconda parte la **DATA ANALYSIS**.

Sembrerebbe quindi che il limite introdotto dalla parte "BIG" della data analysis consiglierebbe, come è naturale che sia, di associarla solamente alla quantità di dati da elaborare, e ad enormi flussi di informazione, tipici delle grandi imprese.

Questa erronea convinzione spinge te e la maggior parte delle piccole e medie imprese a giustificare il mancato ricorso ad uno strumento tecnologico molto potente, con cui è inevitabile confrontarsi.

La definizione di "big data", invece, comprende le famose **3 "V": Volume, Velocità e Varietà.** Allo stesso modo con cui ad un chef stellato servono tutti gli ingredienti per creare una pietanza deliziosa, anche per i big data servono tutti e tre gli ingredienti per il successo.

Non solo grandi numeri, quindi, ma anche varietà delle informazioni (Internet, social media, email, sito, blog, etc.) e velocità di elaborazione. La somma di queste tre componenti permette di generare **la quarta "V",** la più importante, **il Valore. Un corretto uso dei big data permette, infatti, di creare valore per l'azienda.**

Se partiamo dal presupposto che la tua azienda raccolga dati da diversi punti di contatto interni ed esterni all'azienda quali ad esempio il CRM (customer relationship management), l'ERP (Enterprise resource planning), il blog, l'e-commerce, i social, etc.. è facile intuire che non è tanto la quantità di dati in nostro possesso a rappresentare un blocco, quanto più la possibilità di avere all'interno dell'azienda un data scientist che sappia aggregare e "manipolare" tutti questi dati provenienti da fonti diversi per estrarre informazioni di valore per l'azienda.

Voglio essere molto chiaro con te, ritengo, ed è una mia personalissima visione, che l'adozione della big data analysis sia uno strumento da utilizzare solo dopo aver fatto tutti i passaggi descritti nel libro. Questo non vuol dire che devi ignorare l'argomento, vuol dire piuttosto sapere utilizzare in maniera efficace gli strumenti di business intelligence che le singole piattaforme mettono a disposizione e passare ad un livello avanzato quando davvero dovrai iniziare a lavorare di fino per far crescere l'azienda.

Quello che però è importante che tu sappia è che i dati valgono più di un metallo prezioso, e che, anche se probabilmente non saprai sfruttarli in maniera concreta sin da subito non devi sottovalutare l'importanza di memorizzarli e di tenerli al sicuro.

Considera che, anche grazie alle tecnologie di machine learning e deep learning, esistono già oggi delle piattaforme, ad alta velocità, che riescono a simulare situazioni e contesti molto complessi partendo da masse di dati "incoerenti" e modelli pre-programmati. In parole povere, si può riprodurre virtualmente uno scenario reale, come una nuova campagna promozionale, il lancio di nuovi prodotti, l'ingresso in nuovi mercati, con un margine d'errore che varia sulla base delle capacità del data scientist (la figura alla quale dovrai affidarti per affrontare concretamente il tema) di programmare la piattaforma con i dati e variabili.

In Conclusione

Le aziende che crescono e diventano leader di mercato non lo fanno per un colpo di fortuna o per un'intuizione geniale. Il successo è frutto del duro lavoro ed è la somma dei risultati di tante piccole buone azioni che si integrano in un progetto e una vision ben strutturata.

Se è vero che fino a questo momento sei stato alla guida di un'azienda che ha prosperato e portato risultati, non potrà continuare ad essere così se non avrai un focus, direi quasi ossessivo, al cambiamento e alla trasformazione.

Sebbene troverai consulenti disposti a tutto pur di venderti il loro prodotto e la loro parte di servizio, devi aver bene chiaro il processo che porta alla vera e reale trasformazione. Vedo troppo spesso aziende che sulla base delle esigenze del momento, o di una visione non chiara introducono elementi che non portano i risultati sperati e che erodono ancora più velocemente le risorse limitate.

Come spero avrai capito, se non lo hai mai fatto, se il processo è stato iniziato e poi interrotto, o se è passato troppo tempo dall'ultima volta che hai dedicato attenzione alla trasformazione e cambiamento dell'azienda, è necessario costruire delle basi solide su cui far crescere e proliferare il tuo business.

Partiamo liberando la risorsa più importante per poter lavorare in maniera lucida e efficiente ovvero il tempo, e avanziamo a piccoli passi introducendo la tecnologia funzionale al business e al mercato.

Il mondo cambia ad un ritmo troppo veloce perché tu possa stare fermo al palo sperando che tutto andrà nel migliore dei modi. Non mi stancherò mai di dirlo, scegli i migliori professionisti per poter raggiungere i risultati migliori, non pensare al risparmio immediato, pensa piuttosto alla strategicità dei tuoi progetti con un occhio attento al ritorno dell'investimento.

Ti suggerisco inoltre di restare aggiornato sul mondo della trasformazione aziendale, sulla digital transformation e su tutti i temi della trasformazione integrata seguendo i miei blog **www.sromano.it** e **www.trasformazioneintegrata.it**

Mi farebbe inoltre piacere ricevere un tuo feedback

pubblico o privato su questo libro e conoscere in maggior dettaglio le sfide che stai affrontando in questo momento.

Contattami in privato e lascia una recensione al libro!!! (simone@trasformazioneintegrata.it)